Jens Schröder

Auferstanden aus Platinen

Die Kulturgeschichte der Computer- und Videospiele
unter besonderer Berücksichtigung der ehemaligen DDR

Jens Schröder

AUFERSTANDEN AUS PLATINEN

Die Kulturgeschichte der Computer- und Videospiele
unter besonderer Berücksichtigung der ehemaligen DDR

ibidem-Verlag
Stuttgart

Bibliografische Information der Deutschen Nationalbibliothek
Die Deutsche Nationalbibliothek verzeichnet diese Publikation in der Deutschen Nationalbibliografie; detaillierte bibliografische Daten sind im Internet über http://dnb.d-nb.de abrufbar.

Bibliographic information published by the Deutsche Nationalbibliothek
Die Deutsche Nationalbibliothek lists this publication in the Deutsche Nationalbibliografie; detailed bibliographic data are available in the Internet at http://dnb.d-nb.de.

Coverabbildung: © Peter Kirchhoff / PIXELIO

∞

Gedruckt auf alterungsbeständigem, säurefreien Papier
Printed on acid-free paper

ISBN-10: 3-8382-0047-0
ISBN-13: 978-3-8382-0047-7

© *ibidem*-Verlag
Stuttgart 2010

Printed in Germany

Inhaltsverzeichnis

1. Einleitung

Digitale Spiele sind Kultur und ihre Entwickler Künstler, ergo verdienen sie eine öffentliche Förderung – so die Meinung des Deutschen Kulturrats (Klatt, 2008: 129-131). Computerspiele können ohne die Hilfe von Drehbuchautoren, Komponisten, Musikern, Bildenden Künstlern und Grafikern nicht realisiert werden. Das rasante Wachstum der Branche ist deshalb auch immer ein kulturelles Wachstum. So verwundert es nicht, dass der Bundesverband der Hersteller von Computerspielen offiziell in den Kulturrat aufgenommen wurde. Wie der Vorsitzende des Verbands, Malte Behrmann, zu diesem Anlass betonte, transportieren auch Spiele, analog zu anderen kulturellen Medien, „Bilder und Geschichten ihres Landes. Spiele sind damit ein wesentlicher Bestandteil des kulturellen Austauschs" (Behrmann, 2007: 99).

Die wachsende Bedeutung von digitalen Spielen drückt sich nicht nur in einer zunehmenden öffentlichen Akzeptanz aus – auch wenn diese noch nicht mit der anderer Medien vergleichbar ist und oft mit kulturkritischen Bedenken gepaart ist –, sondern auch in Zahlen: Im Jahr 2008 gaben die Deutschen 1,566 Milliarden Euro für Spielesoftware aus (BIU, 2008: 3). Mehr als 11,3 Millionen Deutsche spielen regelmäßig, in 98 Prozent aller Haushalte mit Jugendlichen steht ein Computer, 57 Prozent haben einen eigenen Computer und 37 Prozent eine eigene Spielkonsole (vgl. Stock, 2009: 22). Kurzum: Digitale Spiele sind nicht nur Kunst, sie beeinflussen bereits die Vorstellungswelten von Generationen, entwickeln sich zu einem der bedeutendsten Leitmedien des frühen 21. Jahrhunderts und stellen eine enorme wirtschaftliche Größe dar. Und doch sind sie eine seltsam geschichtsvergessene Kulturform.

> „Spiele verlangen dem Rezipienten sehr viel Aktivität ab, erst durch sein Handeln wird das Spiel als Werk existent ... Denn ganz gleich, wie man Computerspiele definiert, als Kunst, Gebrauchskunst oder Medium, können sie nicht ohne Bewusstsein ihrer Geschichte bestehen. Und dieses fehlt dem Computerspiel. Die Programme, mit denen man sich vor 30 Jahren die Zeit vertrieb, sind meistens ebenso verschollen wie die Computer- und Videospielkonsolen, auf denen man es tat. Die heutige Generation der Spieler ... kennt oft frühe Werke nur aus Erzählungen ... oder bestenfalls aus Emulationen ... Das ist nicht schlimm, aber es fehlt die Reflexion der eigenen Geschichte. Schuld ist die Flüchtigkeit des Spiels, das ja nur dann existiert, wenn es Spielende gibt. Ein Teufelskreis:

Wer nimmt schon eine Kunstform ernst, die sich ihrer Entwicklung wenig bewusst ist?" (Lischka, 2002: 140)

Dies soll nicht bedeuten, dass die Geschichte digitaler Spiele bisher überhaupt keine Würdigung erfahren hätte. Für die Zentren der Spieleindustrie existiert entsprechende Literatur, welche helfen kann, ein differenziertes Bild zu zeichnen und ein konkretes Bewusstsein für die eigene Bedeutung herauszubilden. Aber abgesehen von den USA, Japan und England, ist diese Geschichte – sowohl im Hinblick auf ihre Produktion als auch ihre Rezeption – immer noch die Terra Nullus der Medienwissenschaft. Dies gilt vor allen Dingen für Deutschland und hier im Speziellen für die ehemalige DDR. Dabei sind nicht nur Spiele direkt betroffen, sondern auch Teilbereiche, wie beispielsweise die Dokumentation der Entwicklung des Mikroelektronik-Sektors. Auch für diesen gilt, dass „in dem historisch relativ kurzen Zeitraum von 1990 - 1999 schon ein immenser Informationsverlust feststellbar ist" (Leppin & Schnabel, 14.03.2010). Versucht man heute etwas über die Bedeutung von Spielen jenseits der Mauer zu erfahren, „fühlt man sich fast wie ein Archäologe, der mühsam kleine Fundstücke einer untergegangenen Welt zu einem Gesamtbild zusammensetzt" (Lange, 12.03.2010). Dabei betrieb die zweite Diktatur auf deutschem Boden einen sehr viel lockereren Umgang mit dem Medium als der Westen. 1984 wurde in der BRD mit *River Raid* das erste Spiel indiziert; kurz darauf wurden „Spielautomaten ohne Gewinnmöglichkeiten" in die verrauchten Hinterzimmer von Kneipen verbannt, nachdem ein neues Gesetz dafür sorgte, dass (unbegleitete) Jugendliche unter 16 Jahren sie nicht mehr in der Öffentlichkeit spielen konnten. Ein ganzer Zweig der Computerspielkultur wurde damit gekappt, eine Arcade[1]-Kultur konnte sich in Westdeutschland nie durchset-

---

[1] Der aus den USA stammende Begriff „Arcade" kann grob mit „Spielhalle" übersetzt werden, was ihm aber nicht ganz gerecht wird. Wie Lischka ausführt: „In den Vereinigten Staaten bedeutete Unterhaltung immer auch, den Menschen die neueste Technologie in einer leicht zu konsumierenden Form vor Augen zu führen." (Lischka, 2002: 57) Dies passierte in den so genannten ‚arcades', von denen die ersten um 1890 entstanden. Sie „versammelten vermeintliche Hochtechnologie und gaben den Menschen gegen etwas Kleingeld für einige Augenblicke das Gefühl, am Fortschritt teilzuhaben, und wenn das auch nur darin bestand, seine Hand röntgen

zen. All dies klingt nach Maßnahmen, wie man sie eigentlich im Osten erwartet hätte. Hier jedoch konnte man selbst in einem der repräsentativsten Bauten des Regimes ungestört spielen: Der Palast der Republik unterhielt die Mitglieder des Arbeiter- und Bauernstaates mit dem Poly-Play-Automaten. *Pac-Man* wurde zu *Hase und Wolf* und ‚Honni's Lampenladen' zur Spielhalle.

Jedoch: In Anbetracht der Tatsache, dass es sich bei der DDR um eine repressive Staatsform und eine Planwirtschaft handelte, in der Veränderungen und Innovationen selten durch unternehmerische Initiative zustande kamen, sondern ‚von oben' diktiert wurden, stellt sich die Frage, welche Funktion digitale Spiele hinter dem Eisernen Vorhang einnahmen. Wieso wurde es überhaupt für notwendig erachtet, Spielesoftware und -hardware in den Plan aufzunehmen? Was war ihre Aufgabe im Rahmen einer sozialistischen Gesellschafts- und Wirtschaftsordnung? Was waren die sie begünstigenden politischen und ökonomischen Umstände? Entsprechend geht es in dieser Studie nicht um eine isolierte Geschichte einzelner Erfindungen, sondern auch um die allgemeine Wirtschaftsgeschichte Ostdeutschlands, den Stellenwert, den die Mikroelektronik in ihr einnahm, und ihre Verbindung zur Sozialpolitik des SED-Regimes. Beispielsweise hätte sich die Mikroelektronik ohne die Ulbrichtsche Technologieoffensive der 1960er Jahre nicht so schnell entwickeln können, wäre die Veröffentlichung einer Videospielkonsole ohne Honeckers „Einheit von Wirtschafts- und Sozialpolitik" nicht denkbar gewesen und hätte es letztes Endes aufgrund der mangelnden Konkurrenzfähigkeit von DDR-Produkten auf dem Weltmarkt keine Heimcomputer gegeben, auf denen man spielen konnte. Ebenfalls berücksichtigt werden muss die Rahmung dieser Entwicklungen durch die allgemeine Geschichte der digitalen Spiele im Westen. Wie sich im Folgenden zeigen wird, bestimmte diese die Richtung, die das Medium in der DDR nahm, mit, sei es durch technische Innovation oder inhaltliche Vorgaben, waren doch beispielsweise viele Ost-Titel Kopien westlicher Spielkonzepte.

---

zu lassen … Später beherbergten die ‚arcades' Flippertische und noch etwas später die ersten Videospiele" (ebenda).

Im Rahmen dieser Vorgehensweise ist die Studie so gegliedert, dass jeweils einer Periode der Geschichte digitaler Spiele eine bestimmte Periode der DDR zugeordnet wird. Dies ist möglich, ohne konstruiert zu wirken; so gab es beispielsweise in der westlichen Welt bis 1971 keine Spiele für den heimischen Fernseher, dieser Umstand änderte sich aber ab Anfang 1972, also ungefähr mit dem Beginn der Ära Honecker im Osten. Solche Wendepunkte lassen sich auch im weiteren Verlauf der Geschichte ausmachen und sorgen so für eine Gliederung, welche die beiden Bereiche Spielegeschichte und DDR nicht allzu sehr auseinanderreißen lässt. Entsprechend diesem Vorgehen besteht die Arbeit aus drei Hauptteilen. Teil eins beleuchtet den langsamen Beginn der Spieleindustrie im Westen bzw. den langsamen Aufbau der Mikroelektronik im Osten. Teil zwei befasst sich mit der Etablierung der Industrie bis zu ihrem großen Zusammenbruch im Westen bzw. mit der Etablierung der Mikroelektronik – und des ersten Videospiels – bis zum (Fast-)Zusammenbruch des Staates im Osten. Der dritte Teil skizziert die Entwicklung der Spieleindustrie zum Milliardenmarkt im Westen bzw. die Entwicklung der digitalen Spiele und des Milliardengrabs Mikroelektronik im Osten. In Anbetracht des Fokus der Arbeit wird der Zeitraum bis 1989/1990 besonders betrachtet. Um den Leser aber nicht ratlos in diesen Jahren zurückzulassen, folgt anschließend ein vierter Teil, der auf die Geschichte des Mediums bis ins 21. Jahrhundert eingeht.

2. Vom Rüstungsabfall zum Beginn einer Millioneninddustrie bzw. vom „antifaschistischen Schutzwall" bis zu Honecker: 1958 bis 1971

2.1. Geschichte der Computer- und Videospiele von 1958 bis 1971

2.1.1. *Tennis for Two*

Die Geschichte der Computer- und Videospiele nimmt ihren Anfang an einem Ort, von dem man es am wenigsten vermutet hätte und wird initiiert von jemandem, von dem man es am wenigsten erwartet hätte.

> „Es ist ein Erbstreit in umgekehrter Reihenfolge. Wer hat der Computerspielindustrie die gewinnbringende Produktidee hinterlassen? Wie eng sind die Verwandtschaftsbeziehungen? Väter gibt es mehrere, Onkel auch. William Higinbotham aber ist in jedem Fall der Großvater – und dafür eigentlich der ungeeignetste Kandidat." (Lischka, 2002: 19)

Der 1910 geborene Ingenieur war unter anderem Leiter der Elektronikabteilung im Forschungszentrum Los Alamos, wo im Rahmen des *Manhattan Projects* die erste Atombombe entwickelt wurde. Hier entwarf er die Schaltzeitkreise, welche eben diese Bombe durch ihre letzten Millisekunden brachte (ebenda). 1947 wechselte er in die zivile Forschung und wurde Leiter der *Information Division* bzw. *head of instrumentation design* (vgl. Demaria & Wilson, 2004: 10) am Brookhaven National Laboratory, einem Forschungszentrum für Kernenergie.

Da die Atomenergie bereits in den 50er Jahren Skepsis in der Bevölkerung hervorrief, wurde 1958 ein Tag der offenen Tür ins Leben gerufen, um der Öffentlichkeit die Forschungen des Labors näher zu bringen.

> „Um die Ausstellung interessanter zu gestalten, wollte Higinbotham die Besucher für die Technik faszinieren und da gerade der Fernseher seinen Siegeszug in die Wohnzimmer antrat, sollte es eine Art Fernseher sein, den die Menschen nicht nur anschauen, sondern mit dem sie etwas machen konnten." (Wirsig, 2003: 218)

So schuf er aus einem Oszilloskop, einem analogen Computer und ein paar einfachen Knöpfen das erste interaktive Spiel der Welt: *Tennis for Two*, welches aus nichts mehr als zwei Linien (einer horizontalen, dem ‚Tennisplatz‘, und einer vertikalen, dem ‚Netz‘) und einem Punkt bestand.[2] Da damalige Computer noch nicht genügend Rechenkraft hatten, um als Spielpartner zu dienen, traten einfach zwei Spieler gegeneinander an. Das Ergebnis erfreute sich bei den Besuchern außerordentlicher Beliebtheit. Lange Schlangen bildeten sich 1958 wie auch im Folgejahr, in dem das Spiel mit ein paar Verbesserungen wie einer vergrößerten Bilddiagonale aufwarten konnte. Jedoch: „Niemand sah in ‚Tennis for Two‘ mehr als eine kleine Attraktion am Tag der offenen Tür." (Lischka, 2002: 21) Nur zwei Jahre konnte es gespielt werden und wäre möglicherweise komplett in Vergessenheit geraten, hätte nicht ein Teenager namens David Ahl im Rahmen eines Stipendiums einen Ausflug nach Brookhaven unternommen. Ahl gründete später das Creative Computing Magazine, in welchem er seine Erfahrungen mit dem Spiel beschrieb (vgl. Demaria & Wilson, 2004: 10). Higinbotham selbst indes sah in seiner Erfindung keine großen Sprung: „I considered the whole idea so obvious that it never occurred to me to think about a patent" (Higinbotham zitiert nach Poole, 2000: 16) – „Luckily for the future of games, in fact, because the owner of any patent on oscilloscope tennis would have been the United States government" (ebenda). Und so sollte es noch ein paar weitere Jahre dauern, bis wieder an bzw. mit Hilfe von Computern gespielt wurde – bis 1962.

2.1.2. *Spacewar!*

Viele Computer der 60er Jahre waren groß genug, um ganze Räume zu füllen, sie mussten ständig überwacht werden, da sich die in ihnen verwandten Vakuum-Röhren schnell erhitzten und zu Feuern führen konnten. So brauchte der 1961 am MIT betriebene TX-0 zwecks Kühlung 15 Tonnen an Klimaanlagenausrüstung (Kent, 2001a: 17). Es bedurfte oft mehrerer Menschen, um sie anzuschalten, und ihr Code musste von Lochstreifen bzw. -karten gelesen werden. Unter diesen Gesichtspunk-

---

[2] Für eine genaue Erklärung des Spielprinzips siehe Demaria & Wilson, 2004: 11.

ten kann der 1960 erstmals an das Massachusetts Institute of Technologie (MIT) ausgelieferte PDP1-Rechner (Programmable Data Processor-1) der Firma Digital Equipment Corporation durchaus als der erste Minicomputer der Welt angesehen werden – auch wenn er immer noch die Größe von drei Kühlschränken besaß (vgl. Lischka, 2002: 23). Was ihn zudem von seinen Vorgängern abhob, war, dass er erstmals einen Bildschirm besaß, anstatt seine Berechnungen über Ausgabegeräte wie elektrische Schreibmaschinen zu präsentieren (vgl. ebenda; Demaria & Wilson, 2004: 12).

Dieser Computer zog das Interesse der Mitglieder des Tech Model Railroad Clubs (TRMC) auf sich, „a campus organization that had recently begun turning its focus from toy trains to computers. TRMC members had their own vocabulary. Rolling chairs were ‚bunkies‘, for instance, and broken equipment was ‚munged.‘ Impressive feats and practical jokes were ‚hacks‘" (Kent, 2001a: 35). „Naturally curious, these MIT students had devoted their lives to intellectual tinkering ... Once they discovered computers, they became known as ‚hackers‘." (Kent, 2001b: 16) So auch Steve Russell, der sich 1961 zum „ultimative hack" (Kent, 2001a: 17) entschloss: Die Kreation eines interaktiven digitalen Spiels. Nach fast sechs Monaten und 200 Stunden Arbeit sowie dem ständigen Drängen seiner Kommilitonen erblickte *Spacewar!* 1962 das Licht der Welt: Das erste ‚richtige‘ Computerspiel.[3] Inspiriert durch *Doc Savage*, eine Art Groschenroman-Flash-Gordon, japanische B-Movies sowie die geopolitische Lage der Zeit[4] spielte *Spacewar!* in den Weiten des Alls

---

[3] Demaria und Wilson argumentieren: „Spacewar was the first real computer game, as opposed to Higinbotham's Tennis for Two, which used hardwired electronic circuitry, not a computer to achieve its goals" (Demaria & Wilson, 2004: 12) – zumindest benutzte Higinbotham keinen Digitalcomputer. Auch Steven L. Kent beginnt *The Ultimate History of Video Games* mit *Spacewar!* Dazu bemerkt er in einer Fußnote: „Some historians argue that Willy Higinbotham, a scientist at the Brookhaven National Laboratory, actually invented the first game ... While this appears to be the first interactive game, it is an isolated instance. Apparently neither Steve Russell nor Ralph Baer [Erfinder des Videospiels, s.u.] were aware of the existence of Higinbotham's game." (Kent, 2001a: 18)

[4] Dazu Lischka: „Hier reflektiert das Spiel seine Entstehungsgeschichte. Denn ohne die kollektive Paranoia der späten 50er Jahre infolge des Sputnik-Starts 1958 hätte es nie eine solch enorme Aufrüstung in der Computertechnologie gegeben. Wie

(was zudem den Vorteil hatte, dass als Hintergrund einfach der schwarze Bildschirm diente): Zwei Raumschiffe – also zwei Spieler – mit begrenztem Treibstoffvorrat, wegen ihrer Formen auch „The Wedge" und „The Needle" genannt (Demaria & Wilson, 2004: 12), kämpfen gegeneinander. Sie konnten gegen und im Uhrzeigersinn gedreht werden, beschleunigen und 31 Torpedos verschießen. Anfangs musste ihre Kontrolle noch über Knöpfe an der Bedienungskonsole bewerkstelligt werden, was zu wunden Ellbogen führte, so dass gleich eine zweite Innovation eingeführt wurde: Der *Controller*, in diesem Fall eine Box mit diversen Knöpfen, welche an den Computer angeschlossen wurde und die Steuerung vereinfachte (Kent, 2001b: 36). Aber auch das Spiel selbst wurde von den TRMC-Mitgliedern in typischer Hacker-Manier immer weiter verbessert. Ein Student namens Pete Sampson programmierte eine detailgetreue Abbildung des Sternenhimmels für den Hintergrund, Dan Edwards erschuf eine Sonne, welche, in der Mitte des Spielfeldes liegend, die Raumschiffe mit ihrer Gravitation anzog. Ein anderer Hacker wiederum fügte den *Hyperspace Button* hinzu, der es in Bedrängnis geratenen Spielern erlaubte, plötzlich zu verschwinden, um an einem beliebigen Ort des Spielfeldes wieder aufzutauchen. Ein gelungenes Spiel: „Spacewar sprang so fully formed into the microcosmos that it took a very long time for other games to catch up." (Poole, 2000: 17)[5]

Doch wie schon Higinbotham verdiente auch Russell an seinem Spiel keinen Cent. Der Gedanke an eine kommerzielle Nutzung verflüchtigte sich angesichts des Preises des PDP-1: 120.000-Dollar-Computer waren einfach keine gängigen Konsumprodukte. Immerhin:

> „Stephen Russell und seine Mitarbeiter sind vielleicht nicht die Väter des Computerspiels … aber sie sind zumindest die Väter dieses Konzepts für digitale Computer. Dass die Entwickler nie Urheberrechte geltend machten, trug sicher zum Erfolg von ‚Spacewar!' bei." (Lischka, 2002: 26)

Das Spiel wurde später sogar von Digital Equipment als Diagnose-Programm genutzt, mit dem Resultat, dass PDP-Käufer es zu ihrem

---

schon im Zweiten Weltkrieg flossen reichlich Gelder aus dem Verteidigungshaushalt in Forschung und Ausstattung mit Computern." (Lischka, 2002: 25)

[5] *Spacewar!* kann immer noch im Internet gespielt werden: http://spacewar.oversigm a.com/

Computer kostenlos erhielten (vgl. Kent, 2001a: 20). Folglich kamen nicht nur MIT-Studenten in den Genuss, es zu spielen. „Steve Russell made no attempt to copyright his work or to collect royalties from it. He was a hacker and had created his game to show that it could be done." (ebenda) *Spacewar!* sollte noch einen großen Einfluss auf die Pioniere des Videospielgeschäfts haben.

Im Gegensatz zum Open-Source-Projekt *Spacewar!* konzentriert sich die Geschichte der Entstehung des ersten Videospiels um handfeste marktwirtschaftliche Interessen.

2.1.3. Ralph Baer: Vater der Videospiele

Mitte der 60er Jahre gab es in den Vereinigten Staaten mehr als 40 Millionen Fernseher: „Sie flehten geradezu danach etwas anderes als Werbung zu zeigen." (Baer zitiert nach Lischka, 2002: 27) Die Idee des Videospiels war geboren.

Ihr Vater war ein in Pirmasens geborener Jude namens Ralph Baer, der 1938 mit seinen Eltern in die USA emigrierte, wo er 1940 per Fernkurs eine Ausbildung als Servicetechniker am National Radio Institute absolvierte. Nach seinen Jahren als Soldat schrieb er sich 1946 am American Television Institute of Technology in Chicago ein – seine erste formale Ausbildung, nachdem er in Deutschland mit 14 die Schule verlassen musste. 1955 begann er seine Karriere bei der Rüstungsfirma Sanders, wo er zum Leiter der Designabteilung aufstieg. „Baer quickly developed a solid reputation. When Sanders hired him in 1955, it was to manage a design apartment with a staff of 200. By 1960 the staff had expanded to 500." (Kent, 2001a: 22) Diese Stellung erlaubte ihm eine gewisse Forschungsfreiheit – „Ich hatte ein Budget von sechs bis acht Millionen Dollar im Jahr, da konnte man kleinere Beiträge für etwas abgehobenere Forschungsprojekte einteilen" (Baer zitiert nach Lischka, 2002: 27) – ohne die das erste Videospiel der Welt sicher nicht hätte entstehen können[6]: Es war ein Nebenprodukt des enormen amerikanischen Rüstungsbudgets.

---

[6] Baer gibt an, die Idee für Spiele am Fernseher bereits 1951 gehabt zu haben. Damals arbeitete er für die kleine Rüstungsfirma Loral: „And when the idea of playing games on a home TV set first occurred to me in the early fifties, the reception was

Eine der hervorstechendsten Eigenschaften Baers war es, jeden einzelnen Schritt des Erfindungsprozesses zu protokollieren. Entsprechend kann er sich genau daran erinnern, wann er die Idee eines Spiels für den Fernseher wieder aufnahm: „I'm sitting around the East Side Bus Terminal during a business trip to New York, thinking about what you can do with a TV set other than tuning in channels you don't want. And I came up with the concept of doing games, building something for $19.95. This was 1966, in August." (Baer zitiert nach Kent, 2001a: 22) Der Idee folgte eine schnelle Entwicklung. Bereits am 6. September hatte Baer das technische Schema entworfen, und am 20. Oktober war der Prototyp gebaut (vgl. Lischka, 2002: 28). Das erste Spiel bestand aus zwei Punkten:

> „[O]ne spot represented a fox and the other spot represented a ‚hunter‘ or a ‚hound‘. The object of the game was to have the ‚hound‘ chase the ‚fox‘ until he ‚caught‘ him … It was primitive, all right, but it *was* a video game." (Baer zitiert nach Demaria & Wilson, 2004: 14)

Der Großteil Baers Vorgesetzter war weniger begeistert und vertrat die Meinung, dass er nur Zeit und Geld verschwende (Kent, 2001a: 23). Aber er konnte weiterforschen und präsentierte im Januar 1967 die erste, mit einem Kollegen namens Bill Rusch entwickelte *Lightgun*, ein Spielzeuggewehr, mit dem man die Punkte auf dem Bildschirm abschießen konnte. Entwicklungschef Herbert Campman kam, schoss und bewilligte weitere Gelder. „New ideas and directions continued to flow … New people joined the project, including Bill Rusch, who had the idea to turn the video spot into a ball." (Demaria & Wilson, 2004: 14-15) Mit Hilfe von Rusch wurde das erste Videospiel *Ping-Pong* erschaffen, es feierte am 11. November 1967 Premiere: Ein dritter Punkt wurde von der Maschine kontrolliert, während sich die zwei Spielerpunkte in Schläger am linken bzw. rechten Rand des Bildschirms verwandelten und sich den Ball zuspielten. Es folgten weitere Spiele, Eishockey, Volleyball, Football,

---

cool, to say the least. As another engineer and I worked on designing and building a TV set at Loral in 1951, I kept thinking: ‚How can we differentiate our TV set from everybody else's ?‘ I had a suggestion: ‚How about making it play some simple games?‘ I was told to forget about that dumb idea." (Baer, 2001: XII)

Jagdspiele und Schießübungen (vgl. Lischka, 2002: 28), die Baer alle in einen Prototyp namens *Brown Box* unterbrachte.

Während die Entwicklung relativ erfolgreich verlief, sollte sich die Vermarktung als Problem herausstellen. Da Sanders sich in den späten 60er Jahren mit wirtschaftlichen Problemen konfrontiert sah und darüber hinaus noch eine Rüstungsfirma war, konnte man nicht einfach in den Spielzeugmarkt einsteigen. Es mussten also Verhandlungen mit Vertriebspartnern geführt werden – ein langwieriger Vorgang, der sich noch bis in die 70er Jahre hinziehen sollte. Währenddessen sollte sich das kommerzielle Potential elektronischer Unterhaltung auch anderen eröffnen.

2.1.4. Nolan Bushnell und *Computer Space*: Der langsame Beginn einer Industrie

„Bushnell describes himself as having received ‚two educations.‘ After losing his tuition money in a poker game, he took a job running arcade games at Lagoon, an amusement park located north of Salt Lake City." (Kent, 2001a: 29) Wenn Nolan Bushnell, dessen Job darin bestand, die Besucher des Parks zu überreden, einen Viertel Dollar auszugeben, um auf leere Milchflaschen zu werfen, eins in dieser Zeit gelernt hatte, dann war es Spieler anzulocken. Hier dürfte sich sein Credo entwickelt haben, welches für die Zukunft noch immense Bedeutung haben sollte: „Leute wollen keine Enzyklopädien lesen, um ein Spiel zu spielen. Es muss so einfach sein, dass ein Betrunkener in einer Bar es kapiert." (Bushnell zitiert nach Lischka, 2002: 41)

Doch auch Bushnells formale Bildung bzw. ihre Begleitumstände sollten sich als einflussreich erweisen. Von 1962 bis 1968 studierte er Ingenieurwesen an der University of Utah, welche – wie das MIT und Stanford – hervorragend ausgestattet war und zu den „top schools for computer science" (Kent, 2001a: 29) gehörte. „[I]f you wanted to connect a computer to up to a telephone or a video screen you did it only in three places in the world or known universe: the University of Utah, MIT or Stanford. And it was just serendipity that I went to school at Utah." (Bushnell zitiert nach Kent, 2001b: 36) Hier lernte er auch *Spacewar!* kennen, mit welchem er ganze Nächte im Computerlabor verbrachte.

1969 bekam er eine Anstellung bei dem in Kalifornien ansässigen Unternehmen Ampex. Immer auf der Suche nach neuen Herausforderungen und durch einen Freund, der im Computerlabor von Stanford arbeitete, wieder auf *Spacewar!* aufmerksam gemacht, wurde sein Enthusiasmus für das Spiel und, vielleicht noch wichtiger, der Glauben an ein mögliches kommerzielles Potential wieder erweckt. Bushnell machte sich daran, den ersten Spiele-Arcade-Automaten zu bauen.[7] „Bushnell saw himself as a stifled entrepreneur. He had ideas, talent, and ambition. Looking back on ‚both‘ of his educations, he decided to combine engineering and arcade games." (Kent, 2001a: 31) Und so baute er 1970 das Zimmer seiner Tochter zu einer Werkstatt um, in der er an seiner kostengünstigen Version von *Spacewar!* arbeitete, welche wie ein Flipper vermarktet werden konnte. Seine Lösung, um die Hardwarekosten zu verringern, war Vereinfachung. Spielte er zunächst noch mit dem Gedanken, einen kleinen Computer das Spiel steuern zu lassen, wurde diese Idee bald fallen gelassen. „Hell,‘ I thought, ,I'm not going to use the Data General [Name des Kleincomputers]. I'll do it all in hardware.‘ So I went from using a $4,000 to maybe $100 worth of components." (Bushnell zitiert nach Demaria & Wilson, 2004: 16) Unterstützt wurde er dabei von der Firmenpolitik seines Arbeitgebers, welche es Angestellten erlaubte, elektronische Bauteile für ihre Hobbys mitzunehmen.

Nach der Fertigstellung eines Prototyps von *Computer Space,* so der Name des Automaten, musste noch ein Partner gefunden werden, der bei Fertigung und Distribution half. Diese Aufgabe übernahm Nutting Associates, eine Firma, die bereits Erfahrungen im *Coin-op*-Geschäft hatte (Kent, 2001a: 33). Sich der Wichtigkeit der Präsentation immer bewusst, drängte Bushnell auf ein möglichst futuristisches Äußeres, welches die Menschen anlocken sollte. Nutting baute 1.500 Automaten. Aber auch das nutzte nichts: Der erste Automat wurde 1971 in einer Bar nahe der Stanford University aufgestellt; doch selbst in diesem ‚Nerd-Mekka‘ lief das Geschäft nur schleppend.

---

[7] Streng genommen gab es schon vor Bushnells Automaten öffentlich ausgestellte Computerspiele, die im Münzbetrieb funktionierten. So gab es an der Uni Stanford einen ausgemusterten Großcomputer, auf dem eine *Spacewar!*-Version gespielt werden konnte.

„Bushnell hatte beim Gameplay seinen Grundsatz nur halbherzig berücksichtigt. Denn wer in dem Spiel erfolgreich mit seinem Schiff gegen die Untertasse der Außerirdischen bestehen wollte, musste erst einige Seiten über Steuerung, den Einfluss der Schwerkraft und den Hyperraum lesen. Zu viel Aufwand für Leute, die nicht daheim, sondern in Bars und Arcades spielten." (Lischka, 2002: 42)[8]

Zudem schreckte das futuristische Gehäuse eher ab, erschien es doch eher als Symbol einer fernen Zukunft als einer Zeit, „in der man Computer als etwas Gottgleiches sah" (ebenda). Der *Computer-Space*-Flop beendete auch die Zusammenarbeit zwischen Bushnell und Nutting Associates. Kurz nach dem Debakel, im Jahre 1972, gründete Bushnell mit seinem Arbeitskollegen Ted Dabney eine Firma, die sein Gameplay-Credo perfekt umsetzen und somit die Welt für immer verändern sollte: Atari.

Während im Westen die ersten digitalen Spiele die Weichen für eine zukünftige Milliardenindustrie stellten, begann in der DDR, nach einem schweren Start, Ende der 50er Jahre und vor allen Dingen nach dem Mauerbau 1961 die „Phase der Ausprägung der sozialistischen Sozialstruktur" (Ihme-Tuchel, 2002: 3). Dieses Ereignis markierte für viele auch den „heimlichen Gründungstag der DDR" (Steiner, 2004: 123), stellte er doch eine zentrale Zäsur der DDR-Geschichte dar. Der folgende Zeitraum war zudem Auftakt zu mehrjährigen Reformen der Wirtschaftspolitik in Folge des größeren Handlungsspielraums der politischen Führung. Im Zuge des unter Ulbricht ins Leben gerufenen „ökonomischen Experiments" (Cornelsen, 1988: 357) wurden die „strukturpolitisch wichtigen Bereiche" (ebenda) besonders gefördert, wovon auch die elektronische Datenverarbeitung profitierte – eine „Technologie- und Wachstumsoffensive, mit der Ulbricht den Wettbewerb mit der Bundesrepublik zugunsten der DDR entscheiden wollte" (Steiner, 2004: 124). Entsprechend wird im Folgenden zunächst die Wirtschaftsgeschichte der DDR als allgemeine Rahmenbedingung für die Entwicklung der elektronischen Datenverarbeitung skizziert. Folgend wird detailliert auf die Entstehung und Entwicklung der volkseigenen Mikroelektronikproduktion als

---

[8] Bushnells kurzer Kommentar dazu: „Computer Space did horribly in the typical American beer bar." (Bushnell, zitiert nach Demaria & Wilson, 2004: 16)

Grundstein der Computer- und Videospiele hinter dem Eisernen Vorhang eingegangen.

2.2. Wirtschaftsgeschichte der DDR von den 50er Jahren bis 1971: Vom „NÖSPL" bis zur „Einheit von Wirtschafts- und Sozialpolitik"

Zunächst ist grundsätzlich anzumerken, dass die gesamtwirtschaftliche Entwicklung der DDR, beginnend schon in den 50er Jahren, beständig durch Mangelsituationen gekennzeichnet war.

> „Durch die Teilung Deutschlands und die Isolierung von den westlichen Märkten, stand der stark zerstörten Industrie Ostdeutschlands nur eine eng begrenzte Rohstoffbasis zur Verfügung; wichtige Vorleistungsprodukte für die in diesem Gebiet ansässigen hoch entwickelten Industriezweige wie Chemie, Feinmechanik/Optik, Maschinenbau und Elektrotechnik fehlten. Große Einbußen hat die Wirtschaft auch durch Demontagen und Entnahmen aus der laufenden Produktion erlitten." (Hein, Hoeppner & Stapel, 1992: 22)

Zusätzlich zu diesem schweren Start erwiesen sich die systemimmanenten Schwächen der Planwirtschaft als hinderlich. Die zentralen Instanzen der Planung verfügten bei der staatlich angeordneten Einfrierung der Preise über keine Kriterien, makroökonomische Entscheidungen zu treffen;[9] es herrschte eine Tendenz zu weichen Plänen, was sich darin ausdrückte, dass Unternehmen vorhandene Kapazitäten und Vorräte häufig verschleierten sowie Arbeitskräfte und Materialien horteten, um künftige zentrale Vorgaben leichter erfüllen zu können. Darüber hinaus barg die Systemstruktur ein Anreizproblem, legitimierte die SED-Spitze ihre Herrschaft doch als ‚Arbeiter-und-Bauern-Macht', musste aber gleichzeitig den Arbeitern als eine Art ‚Gesamtunternehmer' gegenübertreten, so dass jeder zusätzliche Leistungszwang eine potentielle Gefährdung der Legitimität der SED-Macht darstellte (während der Verzicht auf ihn einen Verlust wirtschaftlicher Leistungsfähigkeit bedeutete). Ein weiteres Prob-

---

[9] In der DDR sollte der wirtschaftliche Prozess von vornherein bewusst gestaltet werden und Preise keine Quelle für Unsicherheiten sein, so dass sie nur noch als starre Recheneinheit für Wertgrößen erhalten blieben, die im Widerspruch zur Dynamik des Wirtschaftsprozesses standen (vgl. Steiner, 2004: 13). Die Folge: In manchen Branchen wurden die Gelder konzentriert, während andere komplett vernachlässigt wurden.

lem bestand im ‚Elitenaustausch', welcher sich in der durch die Verstaatlichung von Betrieben ausgelösten Abwanderung von Industrieunternehmen nach Westdeutschland ausdrückte und mit einem Verlust an unternehmerischem Potential und fachlicher Kompetenz einherging, verlagerten sich mit den Unternehmen doch auch die Fach- und Führungskräfte (vgl. Steiner, 2004: 13-15, 60-61, 72).

Dies sollte sich bis zum Mauerbau zu einem der zentralen Probleme der DDR entwickeln. Immer mehr Hochqualifizierte verließen das Land; eine unheilvolle Entwicklung in Anbetracht der Tatsache, dass der 1956 verabschiedete zweite Fünfjahresplan Wissenschaft und Technik einen zunehmenden Stellenwert zuwies. Bereits im Jahr 1957 wurde ein nationaler Forschungsrat der DDR gebildet, welcher „dem Unverständnis einiger Verantwortlicher für die Rolle von Wissenschaft und Technik in der modernen Wirtschaft" (ebenda: 101) entgegenwirken sollte und Perspektivpläne für Forschung und Entwicklung entwarf. So sollten etwa ab dem Ende der 50er Jahre Halbleiterelemente die elektronische Industrie modernisieren, während an technisch-technologischen Fließprozessen als Voraussetzung für die angestrebte Mechanisierung und Automatisierung der Produktion gearbeitet wurde (vgl. ebenda: 89-90).

Entsprechend negativ wirkte sich die Abwanderung Hochqualifizierter aus. Es war eine Emigrationskrise, welche die DDR und die politische Führung in schwerste Bedrängnis brachte (vgl. Ihme-Tuchel, 2002: 47):

„Auf die Machtkonsolidierung der SED sowie den wirtschaftlichen Aufbau der DDR wirkte sich der ‚brain drain' nach Westdeutschland katastrophal aus ... Vor allem junge und gut ausgebildete Männer wanderten ab. (...) Der massive Flüchtlingsstrom hatte enorme Auswirkungen auf das Wirtschaftssystem der DDR." (ebenda)

Dieses musste in der Folge einen Produktionsausfall in Höhe von 3,9 Milliarden Mark verkraften (vgl. ebenda; die Zahl basiert auf einer Schätzung der staatlichen Planungskommission der DDR und ist dementsprechend kritisch zu betrachten). Das Problem der SED war, dass sie zwar mittel- und langfristig eine Reform des Lenkungsmechanismus in Angriff nehmen musste, sich aber mit einem entsprechenden Risiko konfrontiert sah; von einer solchen Reform waren keine schnellen Ergebnisse zu erwarten – vielmehr würde sie zunächst neue Anpassungsschwierigkeiten schaffen und somit die Fluchtbewegungen weiter verstärken (vgl. Steiner, 2004: 121-122).

> „Im Interesse des eigenen Machterhalts suchte die SED-Spitze daher einen außerökonomischen Weg, die Fluchtbewegung zu unterbinden und damit die Planung wieder kalkulierbar zu machen … vor allem mit ökonomischen Argumenten gelang es Ulbricht im August 1961, die Parteichefs der Sowjetunion und der anderen Ostblockländer von der Notwendigkeit zu überzeugen, die Westflucht gewaltsam zu stoppen und die Mauer zu errichten." (vgl. ebenda: 122)

Langfristig wirkte sich der Mauerbau wirtschaftlich negativ aus; so war die DDR viel zu klein, um bei der voranschreitenden Spezialisierung auf den technologisch wichtigen Gebieten mithalten zu können (vgl. Ihme-Tuchel, 2002: 60). Ein Umstand, der die systemimmanenten Innovationsschwächen nur verstärkte.

> „So waren die Betriebe – von Ausnahmen abgesehen – kaum an Innovationen interessiert, was für sie nicht weiter problematisch war, weil sie bei dem herrschenden allgemeinen Mangel an Waren ihre Produkte (nahezu) immer absetzen konnten. Das staatliche Außenhandelsmonopol, gedacht als Schutz der Volkswirtschaft vor ‚Störungen' von außen, insofern als es die Betriebe von der Konkurrenz auf den Außenmärkten abschottete, tat das Seine." (Steiner, 2004: 14)

Auf der anderen Seite bildete der Mauerbau den Ausgangspunkt für ein umfassendes ökonomisches Reformprogramm. So beendete die Mauer zunächst den Massenexodus und den gesamtdeutschen Arbeitsmarkt und schaffte eine Atempause zur Stabilisierung des Systems, welche dieses auch bitter nötig hatte. Durch wirtschaftliche Probleme sah sich die DDR-Führung Anfang der 1960er Jahre gezwungen, die Preise für Lebensmittel, industrielle Konsumgüter und einige Dienstleistungen zu erhöhen – bei gleichzeitigem Lohnstopp. Dies schürte Unmut in der Bevölkerung und erinnerte die Führung an das Trauma vom 17. Juni 1953. Um ihre Macht zu sichern, brauchte sie eine dynamische und krisenfreie Entwicklung der Volkswirtschaft mit entsprechenden Wohlfahrtseffekten.

> „Dafür erschien aber eine Modifikation des wirtschaftlichen Lenkungssystems erforderlich … es bedurfte wohl der Krise des Jahres 1961, die von der SED-

Spitze als existentiell wahrgenommen wurde, damit man mit [ihm] experimentierte." (Steiner, 2004: 128)

Am deutlichsten zeigte sich dieser Wille zur Reform, als nach dem VI. Parteitag der SED im Januar 1963 das „Neue Ökonomische System der Planung und Leitung der Volkswirtschaft" (NÖSPL) geschaffen wurde, das „größte sozialökonomische Experiment in der Geschichte der DDR" (Ihme-Tuchel, 2002: 53). Es basierte auf den Grundsätzen des „wissenschaftlich-technischen Höchststandes", des Leistungsprinzips, der Steigerung der Arbeitsproduktivität, des Gewinns als Leistungsmaßstab von Betrieben (anstatt der Bruttoproduktion), der planmäßigen Übereinstimmung gesellschaftlicher und individueller Interessen sowie materieller Interessiertheit, während es den Betrieben mehr Eigenverantwortung überließ (Meuschel, 1995: 206). Zudem wurde bereits 1962 mit der Ausarbeitung eines Perspektivplans begonnen, dessen Entwurf 1965 vorgestellt wurde und welcher eine stärkere Förderung von Wissenschaft und Technik bzw. eine Erhöhung der Investitionen in zukunftsträchtige Zweige wie Elektronik empfahl. Eine Folge war die Gründung des Staatssekretariats für Forschung und Technik Anfang 1966, welchem es oblag, Grundkenntnisse über die künftigen wissenschaftlich-technischen Trends und die daraus resultierenden Erfordernisse der staatlichen Plankommission zu vermitteln.

Das letzte Drittel der 60er Jahre stand unter der Formel „Überholen ohne einzuholen". Diese wurde zur tragenden Idee weiterer Reformschritte, die seit 1967/68 unter dem – nunmehr das NÖSPL begrifflich und inhaltlich ablösende – „Ökonomischen System des Sozialismus" begangen wurden (vgl. Steiner, 2004: 142). Dabei ging es um die Bestimmung zukünftiger Perspektiven in Wissenschaft und Technik durch langfristige Prognosen. Kern des Programms war die Konzentration auf die strategische Basis des technologischen Wandels, der so genannten wissenschaftlich-technischen Revolution, wozu neben Chemie und Maschinenbau auch der Bau von EDV-Anlagen gehörte.

„Diese Prozesse sollten durch eine zentrale ‚strukturbestimmende Planung' vorangetrieben, gelenkt und mit Priorität behandelt werden; mit anderen Worten, diesen Bereichen waren vorrangig Ressourcen und Finanzmittel zuzuweisen." (ebenda: 143)

Mit dem Ziel sprunghafter Entwicklung sollten Innovationsprozesse von nun an ‚von oben' verordnet werden, allerdings fehlten oft die wirtschaftlichen Kriterien, um die Schwerpunkte der Strukturpolitik abzuleiten. Zudem wurden die sehr hohen Investitionen in diese Bereiche zu Lasten des Konsums getätigt, was, bedingt durch den Unmut der Bevölkerung, potentiellen Konfliktstoff barg. Eine besondere Förderung genossen im letzten Drittel der 60er Jahre die Elektrotechnik und die elektronische Industrie. „Gemessen an ihrem Anlagevermögen bekamen sie fast doppelt so viele Investitionen wie der Industriedurchschnitt und es entstanden vor allem Kapazitäten für elektronische Bauelemente und EDV-Anlagen." (ebenda: 153) Speziell der Anteil der Datenverarbeitungs- und Büromaschinenindustrie an der Nettoproduktion nahm zu.

Jedoch, Ulbrichts ehrgeizige, immer weiter forcierte Wachstums- und Technologieoffensive überstrapazierte die volkswirtschaftlichen Möglichkeiten. Noch dazu verstärkte er im Rahmen seiner Hauptaufgabe die Zusammenarbeit mit dem Westen (u.a. auf der Einsicht basierend, dass die Arbeitsteilung im Ostblock zu niedrig war) und ließ westliche Technologie importieren, was ihn ideologisch angreifbar machte – zumal mit diesen Importen auch die Westverschuldung stieg. Als sich die wirtschaftliche Situation als Folge einer Rohstoffknappheit 1969/70 abermals verschlechterte, wurde diese Entwicklung von den Reformgegnern um Honecker als Resultat der Reformbemühungen dargestellt. „So konnte man die prekäre Wirtschaftslage gegen Ulbricht und ‚seine' Reform instrumentalisieren und er wurde, unterstützt von Moskau, durch seine Gegner in der SED-Spitze abgesetzt." (ebenda: 124)

Dabei waren die Reformen durchaus eine „vielversprechende Option" (ebenda: 161), die ihren Teil zum Wirtschaftswachstum der DDR in den 1960er Jahren beigetragen hatte. Allerdings blieb ihre Umsetzung nur halbherzig, musste sie doch den Gegnern einer auch nur partiellen Verselbständigung ökonomischer Rationalitätskriterien mit antirevisionistischen Beteuerungen nachhaltig schmackhaft gemacht werden (vgl. Meuschel, 1996: 208). So blieb die marktorientierte Wirtschaftstätigkeit in ein planwirtschaftliches Korsett eingezwängt, zumal auch die Reformer bestimmte ideologische Grenzen nicht überwinden wollten oder konnten – eine Art marktwirtschaftliche Reform ohne die Grundlagen einer

Marktwirtschaft, die entsprechend inkonsequent und widersprüchlich blieb.

> „Die ideologischen Anstrengungen der SED machen die Widersprüchlichkeit einer Politik deutlich, die zwar die wissenschaftlich-technische Revolution durchsetzen wollte, die aber eine Verselbständigung der Ökonomie nicht zulassen konnte, da einer solchen Ausdifferenzierung der Anspruch der Partei entgegenstand, die gesamte gesellschaftliche Entwicklung auf die Verwirklichung der marxistisch-leninistischen Utopie hin zu planen." (ebenda: 210)

Nutznießer war Erich Honecker, der 1971 mit der Unterstützung Moskaus an die Macht kam und wieder auf den alten Kurs einschwenkte – mit entsprechenden Folgen für die Mikroelektronik und Halbleiterindustrie (und somit auch für die Entstehung von Computerspielen in der DDR).

2.3. Geschichte der Mikroelektronikindustrie der DDR von den 1950er Jahren bis 1971

> „Die Voraussetzungen für eine Computerproduktion in der DDR waren eigentlich nicht schlecht: Wurden doch vor 1945 rund 80 % der deutschen Büro- und Rechenmaschinen auf ihrem Gebiet produziert. Bereits 1950 wurde trotz der Demontage bereits das Niveau der Vorkriegsproduktion überschritten." (Lange, 2003)

Paradoxerweise sollte sich dieser Standortvorteil im Laufe der Zeit jedoch als hinderlich für die Entwicklung der Rechentechnik erweisen, verhinderte doch die hochentwickelte Büromaschinenindustrie noch bis in die 60er Jahre hinein die Umsetzung von Innovationen und damit eine schnelle Entwicklung auf diesem Gebiet. In dieser bis ca. 1962 dauernden unkoordinierten Anlaufphase war die Forschung und Entwicklung noch der Initiative einzelner Institutionen überlassen (vgl. Krakat, 1985: 259). Entsprechend konnte der erste Rechner der DDR erst 1955 vorgestellt werden. Dabei handelte es sich um den vom VEB Carl Zeiss Jena konstruierten Digitalrechner Oprema (Optische Rechenmaschine). Im darauf folgenden Jahr wurde, ausgehend von Forschungen an der TH Dresden, der programmgesteuerte Rechner D1 fertiggestellt, wobei in Dresden bereits im Jahr 1950 erste Forschungs- und Entwicklungsarbeiten auf dem Gebiet der EDV stattfanden (vgl. ebenda: 259). Wiederum ein Jahr später – 1957 – kam es wie erwähnt auf Ministerbeschluss zur Gründung des nationalen Forschungsrates der DDR (Beirat für naturwissenschaftlich-technische Forschung und Entwicklung beim Ministerrat der Deutschen Demokratischen Republik), ein Zeichen, dass „zu diesem Zeitpunkt im Machtzentrum der DDR die Bedeutung der Rechen- und Halbleitertechnik erkannt wurde" (Leppin & Schnabel, 14.03.2010). Zu den zehn Forschungsschwerpunkten des Rates gehörten auch „Elektronische Rechenaggregate" sowie „Halbleitertechnik" (ebenda).

Zu diesem Zeitpunkt soll sich die DDR, zumindest bei manchen Bauelementen, noch etwa auf dem Niveau des Westens befunden haben (vgl. Salomon, 2003: 11); andere Einschätzungen verorten Ostdeutschland bereits fünf Jahre hinter den führenden Industrieländern (vgl. Leppin & Schnabel, 14.03.2010)[10]. Uneinigkeit herrscht auch über die politische Stellung der Mikroelektronik zu dieser Zeit. Ein Zitat Ulbrichts im Rahmen des technikorientierten zweiten Fünfjahresplans lässt vermuten, dass ihre Bedeutung durchaus erkannt wurde:

> „Wir müssen in der Zeit des zweiten Fünfjahrplanes mit einer neuen industriellen Umwälzung beginnen. Das heißt: … bestimmte Arten geistiger Tätigkeit maschinell zu lösen, zum Beispiel durch die Produktion von Elektronenrechenmaschinen sowie die Entwicklung der Halbleitergeräte für verschiedene Zwecke." (Ulbricht zitiert nach Leppin & Schnabel, 14.03.2010)

Auf der anderen Seite steht eine Anekdote über den obersten Genossen, welche Zweifel an der Einsicht in die Notwendigkeit dieser Umwälzung aufkommen lässt. Salomon zitiert ihn mit den Worten: „Nu Genossen, soagt mir doch ma, wieviel Donnen Stahl wir mit euren Dranstoren mehr

---

[10] Dabei muss berücksichtigt werden, dass Salomon als Ingenieur im Bereich der Halbleitertechnik in der ehemaligen DDR tätig war. Zum einen befähigt ihn dies zu detaillierten Einblicken, zum anderen besteht aber die Möglichkeit, dass manche Entwicklungen im Rückblick idealisiert werden. So schreibt er in der Einleitung seines Buches: „Diese Fragen und noch viele mehr, initiiert vor allem durch Halbwahrheiten, völlig verzehrter Darstellung und Ignoranz in der veröffentlichten Meinung einiger ‚Geschichtsforscher', meist aus dem Westteil der Bundesrepublik, motivierten den Autor für eine etwas andere Aufarbeitung dieses Teils der DDR-Geschichte." (Salomon, 2003: 7)

erzeugen gönn." (Ulbricht zitiert nach Salomon, 2003: 13)[11] Diese abweichenden Zitate spiegeln womöglich auch den Umstand wider, dass die Rechentechnik Gegenstand von Machtkämpfen innerhalb der Partei und Staatsspitze war:

> „Eine zusätzliche Schwierigkeit bedeutete das Verdammungsurteil, das Philosophen und Chefideologen der Sowjetunion bereits 1953 über die sog. bürgerliche Kybernetik ausgesprochen hatten. Sie wurde als Pseudowissenschaft und als Abart des Mechanizismus abqualifiziert. Darin war die Rechentechnik eingeschlossen. Nach 1956 war dieser Bannfluch auch bis in die DDR vorgedrungen und sorgte für Unsicherheit und Diskussionen." (Lehmann zitiert nach Lange, 2003).

Nichtsdestoweniger ist es wohl der Erkenntnis zu verdanken, dass der Rückstand auf das internationale Niveau weiter wuchs, dass 1957 mit dem VEB Elektronische Rechenmaschinen Karl-Marx-Stadt ein wissenschaftlicher Industriebetrieb als Zentrum für die Rechnerentwicklung geschaffen wurde. In Anbetracht der Republikflucht hochqualifizierter Arbeitskräfte, musste die noch junge Industrie allerdings mit äußerst begrenzten personellen Ressourcen auskommen. Ein Umstand, der auch die Gründung des ersten Halbleiterwerkes der DDR 1959 in Frankfurt (Oder) erschwerte, welches in der Folgezeit vor allen Dingen zum Hersteller hochwertiger technischer Konsumgüter avancierte. 1961 wurde in Dresden, zu diesem Zeitpunkt bereits seit mehr als einem Jahrzehnt Standort von Rechentechnik, die Arbeitsstelle für Molekularelektronik gegründet. „Bis in die Mitte der achtziger Jahre hinein war sie unter wechselndem Namen und Unterstellungsverhältnissen das Forschungszentrum der DDR auf dem Gebiet der Mikroelektronik schlechthin." (Barkleit, 2000: 21)

Darüber hinaus wurde ebenfalls 1961 von der staatlichen Plankommission der „Beschluss zur Entwicklung des maschinellen Rechnens in der DDR" gefasst.

> „Mit diesem Beschluss wird das gestiegene Interesse an Rechenanlagen deutlich. Ansprüche auf Rechenanlagen wurden nun von Institutionen der Volkswirt-

---

[11] Eine explizite Quellenangabe geben beide nicht, wobei sich Salomon nur auf mündliche Überlieferungen beruft – eine entsprechend vorsichtige Einschätzung ist also geboten.

schaft, von der Energiewirtschaft, der Elektrotechnik, der Kerntechnik, der Luft-
fahrtindustrie und auch vom Ministerium für Nationale Verteidigung geltend gemacht. Basierend auf diesem Beschluss sollte vom Forschungsrat ein Sofort-
und ein Perspektivprogramm zur Entwicklung des maschinellen Rechnens er-
arbeitet werden." (Leppin & Schnabel, 14.03.2010)

Die Erarbeitung eines solchen Programms begann allerdings erst 1963.

Nach dem Bau der Mauer sollte die Rechentechnik bzw. die Datenverarbeitung im Rahmen der wirtschaftlichen Reformen, mit ihrer Be-
tonung des wissenschaftlich-technischen Fortschritts, eine zentrale Position einnehmen. Ihre nachhaltige Förderung wurde Ende 1963 durch einen Ministerratsbeschluss über „Sofortmaßnahmen zur Entwicklung der
Datenverarbeitung" eingeleitet, um die bis dahin „unbefriedigende Situation" (Krakat, 1985: 259) zu verbessern.[12] 1964 folgte schließlich das
„Programm zur Entwicklung, Einführung und Durchsetzung der maschinellen Datenverarbeitung in der DDR", mit welchem endgültig ein neuer
Industriezweig geschaffen wurde. Dieser stellte das Kernstück des
„Neuen Ökonomischen Systems der Planung und Lenkung" dar (zumal
sich mit ihm auch die Hoffnung verband, das System der Planwirtschaft
effektivieren zu können; vgl. Leppin & Schnabel, 14.03.2010). Die DDR-
Führung versuchte durch gezielten Ressourceneinsatz die Technolo-
gielücke zu den westlichen Industrienationen zu schließen, und so gehörte der Industriezweig Elektrotechnik/Elektronik in der zweiten Hälfte
der 60er Jahre mit einem Produktionszuwachs von fast 60 Prozent zu
den Spitzenreitern im Entwicklungstempo der DDR-Industrie (vgl. Barkleit, 2000: 21). 1969 wurde aus mehreren VEBs das Kombinat Robotron,
mit Stammbetrieb und dem Sitz der Kombinatsleitung im ehemaligen
VEB Rafena in Radeberg, gegründet, welches sich zu einem der bedeutendsten Computerhersteller in der DDR entwickeln sollte.

Jedoch: Die Bilanzierung des Programms war nicht gesichert. Die
notwendigen Mittel für Ulbrichts Technologieoffensive übertrafen die ursprünglich geplanten bei weitem (406 Millionen Mark zu 2,6 Milliarden
Mark; vgl. Leppin & Schnabel, 14.03.2010). Dies überforderte die Volks-

---

[12] Krakat merkt an: „Es gab weder eine der Bedeutung der Rechentechnik gerecht
werdende Konzeption der Forschungs- und Entwicklungstätigkeit sowie der Produktion, noch ausreichende Pläne für den Einsatz." (ebenda)

wirtschaft der DDR schlicht und ergreifend. Diesen Umstand machte sich Honecker zunutze und ergriff 1971 die Macht, was durch die neue Wirtschaftspolitik vorerst mit einem reduzierten Ressourceneinsatz für die Mikrotechnologie einherging.

Während so in der DDR die Forschung zurückgefahren wurde, gelang der amerikanischen Firma Intel 1971 ein entscheidender Durchbruch: Der erste Mikroprozessor der Welt wurde fertiggestellt. Er vereinte ganze 2.300 Transistoren auf kleinstem Raum und erlaubte es, alle Einheiten eines Prozessors auf einem Chip unterzubringen, Computer also zu miniaturisieren (vgl. Demaria & Wilson, 2004: 9). Doch nicht nur auf diesem Gebiet sollten spektakuläre Erfolge verbucht werden, standen Videospiele doch kurz vor der Eroberung der Wohnzimmer und des öffentlichen Raums sowie an der Schwelle zur Millionenindustrie.

3. Vom Aufstieg bis zum großen Crash:
1971 bis 1982/1983

3.1. Geschichte der Computer- und Videospiele von 1972 bis 1982/83

„The stage was set for the introduction of a new art form and a new industry. The technological foundation was built. The earliest pioneers had seen farther than any others and had made their tentative steps along the path. The world was in flux, as new politics, new music and new social consciousness began to spread throughout the United States and Europe. The 60s were over. A generation of young people dreamed new dreams and broke down the status quo. It was into that world that first Ralph Baer and then Nolan Bushnell made their humble offerings, and changed the world in ways no one could have foreseen. Once Pong became a household, it was too late to turn back. The era of electronic games had begun." (Demaria & Wilson, 2004: 17)

3.1.1. Atari, *Pong* und die *Magnavox Odyssey*: Die ersten Millionen

Nachdem *Computer Space* sich nicht als der erhoffte Erfolg erwies, gründete Nolan Bushnell am 27. Juni 1972 mit dem Ampex-Ingenieur Ted Dabney und 500 Dollar Startkapital die Firma, die sich innerhalb der nächsten zehn Jahre in einen „$2-billion-a-year entertainment giant" (Kent, 2001a: 38) entwickeln sollte: Atari[13], das bis dahin am schnellsten gewachsene Unternehmen in der Geschichte der USA.

Die erste Angestellte des Unternehmens wurde eine 17-jährige Sekretärin namens Cynthia Villanueva, die eigentlich die Babysitterin von Bushnells Kindern war und deren Aufgabe darin bestand, Atari als etabliertes Unternehmen auftreten zu lassen. Als zweiter Mitarbeiter, für 1.000 Dollar Monatsgehalt und einige Aktienoptionen, wurde der junge Ampex-Ingenieur Al Alcorn engagiert.

„Shortly after hiring Alcorn, Bushnell gave him his first project. Bushnell revealed that he had just signed a contract with General Electric to design a home electronic game based on ping-pong. The game should be very simple to play – ,one ball, two paddles, and a score ... Nothing else on the screen.' Bushnell

---

[13] Der Name Atari entstammt dem japanischen Brettspiel *Go*, dem Lieblingsspiel Nolan Bushnells. Liegt ein Stein mitten in gegnerischen Steinen, steht er im Atari und kann die feindlichen Steine übernehmen (vgl. Wirsig, 2003: 36).

had made up the entire story. He had not signed a contract or even entered into any discussions with General Electric" (ebenda: 40)

Das Projekt war eigentlich nur als Test für Alcorns Fähigkeiten als Entwickler gedacht (vgl. Lischka, 2002: 43). Dieser jedoch schuf aus der simplen Idee – das erste Mal ersonnen in Ralph Baers Projektgruppe – „the great game" (Demaria & Wilson, 2004: 20). *Pong* war mehr als nur eine Fingerübung.

„As he worked, Alcorn added enhancements that Bushnell had never envisioned ... Bushnell's original vision included paddles that simply batted the ball in the direction it had come from. Feeling that this was inadequate, Alcorn devised a way to add English to the game and aim the ball with paddles. Instead of using solid lines to represent paddles, Alcorn broke the paddles into eight segments." (Kent, 2001a: 41)

Diese Schläger spielten den Ball, je nach dem, wo er sie traf, in unterschiedlichen Winkeln zurück. Zudem gestaltete Alcorn das Spiel so, dass, je länger es dauerte, der Ball an Geschwindigkeit zunahm. Das Ergebnis erinnerte eher an Squash denn an Ping-Pong und konnte sogar mit einem taktischen Element aufwarten, prallte der Ball doch auch von den Rändern des Spielfeldes ab. Nach drei Monaten hatte Alcorn einen Prototyp fertig gestellt. Das Spielkabinett bestand aus einem 75 Dollar teuren Schwarz-Weiß-Fernseher und einem „four-foot tall wooden cabinet that looked vaguely like a mailbox" (ebenda: 42). Es kam mit nur einem Satz als Bedienungsanleitung aus: „avoid missing ball for highscore." *Pong* war geboren.

Im September 1972 kam es zum ersten Publikumstest. In Andy Capp's Tavern, einer Bar im kalifornischen Sunnyvale, welche Bushnell, wenn er einen besonders großzügigen Moment hatte, als „rustic location" (ebenda: 43) beschrieb, betrieb Atari bereits einige Flipper.[14] Hier feierte *Pong* seine öffentliche Premiere. Wie es die Legende will, bekam Alcorn nach zwei Tagen mitten in der Nacht einen wütenden Anruf von Bill Gattis, dem Manager der Bar, welcher sich beschwerte, dass das *Pong*-Kabinett nicht mehr funktioniere. Tatsächlich wurde Alcorn erst nach zwei Wochen mit der höflichen aber bestimmten Bitte kontaktiert, den

---

[14] Die Firma startete mit dem Aufstellen von Flippern, um Startkapital für Videospielprojekte zu erwirtschaften.

Automaten zu überprüfen, da es Probleme mit diesem gebe. Als er den „Automaten öffnete, kullerten Münzen heraus. Das Gerät war nicht kaputt – sondern der Münzbehälter übergelaufen. 300 Dollar hatte ‚Pong' in der Zeit gebracht. Mit sehr guten Flipperautomaten verdiente man damals 90 Dollar im selben Zeitraum" (Lischka, 2002: 44). Zu diesem Zeitpunkt spielte Bushnell noch mit dem Gedanken, *Pong* zu verkaufen. Jedoch verflüchtige sich dieser nach dem Vorfall in Andy Capp's Tavern schnell. Endlich hatte er das Massenprodukt gefunden, nach dem er gesucht hatte; die Folge war, dass Atari die Automaten selbst herstellte. *Pong* wurde auf Anhieb ein Erfolg.

> „Im November 1972 verkaufte Atari den ersten ‚Pong'-Spieleautomaten. In den folgenden zwei Jahren baute und verkaufte Atari 8.000 Stück. Die Automaten wurden von einem Haufen Hippies handgefertigt. Sie bekamen etwas mehr als den gesetzlichen Stundenlohn von 1,75 Dollar. Laut Alcorn kostete die Herstellung eines ‚Pong'-Automaten 300 bis 400 Dollar. Für 1200 Dollar je Stück wurden die Automaten dann … verkauft. So erwirtschaftete Atari 1973 einen Umsatz von 3,6 Millionen Dollar." (ebenda: 44)

Doch mit dem ersten Erfolg kamen auch die ersten Probleme. Nach zähen Verhandlungen mit der Kabelindustrie und diversen Fernseherstellern erwarb die amerikanische Elektronikfirma Magnavox 1970 die Rechte an der Erfindung Ralph Baers. 1972 dann brachte Magnavox, nach ein paar Veränderungen, welche Baers Prototypen – aus der Sicht der Firma – in einen Artikel für den Massenmarkt verwandeln sollte, die erste Videospielkonsole der Welt auf den Markt: Die *Magnavox Odyssey*; ein einfach gestaltetes System, welches in der Lage war, zwei Punkte, welche die Spieler darstellten, einen Punkt (den Ball) und eine Mittellinie zu generieren. Ihr Erfolg war bescheiden. Dies hatte zwei Gründe. Zum einen war der Preis mit 99 Dollar sehr hoch angesetzt, eine Entscheidung, die Baers Vision widersprach, schwebte ihm doch ein Produkt für 19,95 Dollar vor. „Baer wusste eher als William Higinbotham oder Stephen Russel, dass Technologie durchaus etwas für das Wohnzimmer und die Unterhaltung des Durchschnittsbürgers ist" (Lischka, 2002: 27) – nur eben nicht zu diesem Preis. Der zweite Grund lag im schlechten Marketing, welches dem Käufer suggerierte, dass das System nur auf Magnavox-Fernsehern funktioniere.

„Despite its relative simplicity by today's standards, the Odyssey might have done much better if it hadn't been for the perception, inadvertently and sometimes intentionally given by Magnavox salespeople, that the system would work only on Magnavox TVs." (Demaria & Wilson, 2004: 18)

1972 wurde die *Odyssey* in den USA auf Ausstellungen Händlern und Distributoren präsentiert, meist in Form von Privatvorführungen, aber auch auf Messen. Am 24. Mai 1972, also vier Monate bevor *Pong* das erste Mal in Andy Capp's Tavern der Öffentlichkeit zugänglich gemacht wurde, besuchte ein Angestellter von Nutting Associates eine dieser Präsentationen im kalifornischen Burlingame, spielte an der *Odyssey* und hinterließ seinen Namen im Gästebuch. Dieser lautete: Nolan Bushnell. Bushnell wurde in der Folge vorgeworfen, das Prinzip des Videospiel-Ping-Pongs gestohlen zu haben – Ralph Baer hatte sich „sowohl die Idee des Computertennis als auch das Konzept von Spielen auf einem Fernsehschirm schon vor der Gründung Ataris patentieren lassen" (Lischka, 2002: 44). Die Frage, wer was zuerst erfunden hat, kann nicht eindeutig geklärt werden. Ralph Baer ist davon überzeugt, dass Bushnell seine Idee kopiert hat, dieser wiederum behauptet, dass ihm die Idee für *Pong* von alleine gekommen sei (vgl. Demaria & Wilson, 2004: 19; Kent, 2001b: 39). Jedoch, „in later litigation, it was revealed that Bushnell not only attended the Burlingame show but also played the tennis game on Odyssey" (Kent, 2001a: 46). Welcher Verdienst Bushnell jedoch zweifelsohne gebührt, ist es, der Gründer der Spieleindustrie zu sein. Eine Leistung, die auch Baer anerkennt:

„PONG launched the arcade video game industry with a bang. Nolan Bushnell deserves the credit for this feat, without a doubt. He connected the dots. In my estimation that makes him the father of the arcade video game industry." (Baer, 2001: XV)

Baer selbst hingegen kann mit Recht für sich in Anspruch nehmen, der Vater des Videospiels zu sein, war er doch der erste, der die Idee des Spielens am Fernseher umgesetzt hat.

Magnavox drohte 1972 mit einer Klage. Da sich die Anwaltskosten für Atari laut dem damaligen Rechtsvertreter des Unternehmens durchaus auf einen Betrag von über einer Million Dollar hätten belaufen können, entschied Bushnell sich für eine außergerichtliche Einigung. „It was all settled outside and Nolan and Atari got extremely favorable terms. They paid very little. He got away with a very, very, very small licensing fee up front." (Baer nach Kent, 2001a: 47) Atari wurde für 700.000 Dollar der erste – und einzige – Lizenznehmer von Magnavox. Alle anderen Videospielunternehmen hatten zukünftig „stiff royalties" (Kent, 2001a: 47) an Magnavox abzuführen. Ein lohnendes Geschäft für Atari, immerhin sollten Baers Patente die Konkurrenz noch um Millionenbeträge erleichtern, nachdem 1975 ein US-Bundesgericht seine Erfindung als Grundlage für Lizenzzahlungen aller Hersteller von Videospielen an Magnavox bestätigt hatte. Dies brachte der Firma in der Folge mehr als 100 Millionen Dollar ein (Lischka, 2002: 30). Zudem verkaufte sich die *Odyssey* im Zuge des *Pong*-Erfolges immerhin knapp 100.000-mal in den zwei Jahren ihres Bestehens.

Der Erfolg zog eine Menge Nachahmer an, was besonders ärgerlich für Atari war, besaß die Firma doch kein Patent auf *Pong*, der Grundlage ihres Geschäftes. Denn ein eingereichtes Patent wurde aufgrund schlampiger Behördenarbeit erst Jahre später anerkannt – doch da war es bereits zu spät.

3.1.2. Nachahmer, *Home Pong* und der *Pong*-Chip

„1974 standen überall in den Vereinigten Staaten ‚Pong'-Spielautomaten, in Cafés, Kneipen und Spielhallen. Nur hatte Atari davon lediglich ein Drittel hergestellt. Der Rest waren Klone." (Lischka, 2002: 45) Kaum war *Pong* auf dem Markt und erwies sich als Erfolg, wurde es von Dutzenden von Nachahmern auseinander genommen und kopiert. Bushnell hasste die einfallslose Konkurrenz und nannte sie nur „the jackals"[15] (Kent, 2001a: 61). „[T]he only way to stay ahead of them was constantly to generate new games and ideas." (ebenda) Es folgte eine Schwemme von *Pong*-Variationen, Atari veröffentlichte *Pin Pong, Dr. Pong, Pong Doubles* und *Quadra Pong* sowie ein primitives Rennspiel namens *Gran Trak 10*, bei welchem ein klotziges ‚Auto' um einen ovalen Kurs gesteuert werden musste, und *Space Race*, in welchem die Spieler Asteroiden auswichen. Die Spiele waren kein Erfolg, und so konzentrierte Atari sich

---

[15] In seinen weniger diplomatischen Momenten formulierte Bushnell es noch drastischer: „It pissed me off so much." (Bushnell zitiert nach Sellers, 2001: 19)

weiterhin auf *Pong*, welches noch immer das Standbein der Firma darstellte – nur erodierte es durch die verstärkte Konkurrenz zusehends. Ein neues Produkt musste her. So kam man auf „dieselbe Idee wie Ralph Baer ein Jahrzehnt zuvor: Massenunterhaltung in jedem Wohnzimmer" (Lischka, 2002: 45).

Der erste Prototyp von *Home Pong* wurde im Herbst 1974 fertig gestellt. Im Gegensatz zur *Magnavox Odyssey*, deren Analogtechnik zu diesem Zeitpunkt bereits veraltet war, kam in Ataris Heimvariante von *Pong* Digitaltechnik zum Einsatz: Ihr Herzstück war ein von Al Alcorn und einem Ingenieur namens Harold Lee entwickelter Chip, auf welchem das gesamte Spiel untergebracht werden konnte. „At that time, the chip in *Home Pong* was the highest performance-integrated circuit ever used in a consumer product." (Kent, 2001a: 81) Doch wie schon bei der *Magnavox Odyssey* sollte sich die Entwicklung weniger schwierig gestalten als der Verkauf bzw. der Vertrieb. Der Handel weigerte sich wegen des hohen Preises von 100 Dollar, *Home Pong* in sein Sortiment aufzunehmen (wohl auch aufgrund der Tatsache, dass sich die *Odyssey* nie wirklich gut verkauft hatte) und der Enthusiasmus der Konsumenten hielt sich zurück:

> „They saw *Home Pong* as a toy, and a mere novelty at that. The public no longer cared about digital watches; why would television games be different? They were all too aware of the Odyssey's sorry sales record." (Kent, 2001b: 41)

Einer hatte jedoch Interesse: Tom Quinn, seines Zeichens verantwortlich für die Sportabteilung der amerikanischen Kaufhauskette Sears:

> „The guy had done really well the year before on ping-pong … To make Christmas numbers, the Sears buyer was focusing on ping-pong tables and pool tables, and he thought consumer *Pong* might just be the thing for the family rec room." (Bushnell zitiert nach Kent, 2001a: 81)

Nach einer Testvorführung übernahm Sears den Vertrieb und auch *Home Pong* wurde ein Erfolg: In der Weihnachtssaison 1975 gingen 150.000 Exemplare über die Ladentheken.

Im selben Jahr sollte es in den Arcades zu einer entscheidenden Innovation kommen. Midway, einer der härtesten Konkurrenten Ataris, lizenzierte von dem japanischen Hersteller Taito das Spiel *Gun Fight*, in welchem sich zwei klobige Cowboys zum Duell gegenüber standen. Da Midway das Spiel „less than entertaining" (Kent, 2001a: 63) fand, wurde beschlossen, es technisch und somit spielerisch zu verbessern. Unter der Anleitung von David Nutting (Bruder von Bill Nutting, seinerseits Gründer von Nutting Associates, Käufer von Bushnells erstem Spiel *Computer Space* und mittlerweile bankrott) wurde dem Spiel als erstem Arcade-Automaten ein Mikroprozessor implantiert, bereits vier Jahre nach seiner Erfindung durch Intel.

> „[T]he licensed Midway title benefited greatly from its use of a microprocessor, the first to be used in a video game. The extra speed – a measly two megahertz – was necessary in a primitive twitch game like Gun Fight where the itchiest trigger finger usually won." (Sellers, 2001: 22)[16]

Derartige Innovationen blieben dem Markt für die heimischen Konsolen leider verwehrt. Ähnlich wie nach Ataris Erfolg in den Spielhallen, konzentrierte sich auch hier alles auf das Kopieren eines bestehenden Erfolgsrezeptes.

> „With the success of *Home Pong* an army of new competitors entered the home video-game market. Seventy-five companies promised to launch home television games in 1976. Obscure companies like First Dimension, of Nashville, Tennessee, and established giants like RCA proposed game consoles that looked and worked like *Pong*." (Kent, 2001a: 94)

So wurde 1976 ein turbulentes Jahr für die noch junge Industrie.

Für die massenhafte Verbreitung von *Pong*-Klonen für den Fernseher sorgte vor allen Dingen die Firma General Instruments.

> „Although Atari chips were a smart design, the idea of integrating complex circuits into a single chip was a common idea at that time, and other video game manufacturers would soon release their own video game chips ... In 1975, GI [General Instruments] had a revolutionar (sic!) idea: the design of a low-cost chip playing several PONG variants, and available to any manufacturer (opposed to Atari). This chip changed the PONG industry within a year." (Winter, 14.03.2010)

---

[16] Zu diesem Zeitpunkt hatte auch Atari bereits unter dem Namen Kee-Games Automaten veröffentlicht, die über *Pong* hinausgingen, so z.B. *Tanks*, bei dem sich zwei Spieler mit Panzern in einem Labyrinth duellierten (mehr zu Kee-Games bei Kent, 2001a: 66-69).

General Instruments erster Videospiel-Chip war der AY-3-8500, welcher in der Lage war, sechs Spiele darzustellen: Vier *Pong*-Varianten sowie, eine *Lightgun* voraussetzend, zwei Schießspiele. Noch dazu konnte der Schwierigkeitsgrad über Knöpfe bzw. Hebel verändert werden, was zur Folge hatte, dass sich die Größe der Schläger veränderte, ergo der Ball in Kombination mit ebenfalls veränderbarer Geschwindigkeit schwieriger bzw. leichter zu treffen war. Der Chip wurde zu einem riesigen Erfolg: „at least 500 different PONG systems based around this chip were released by more than 300 manufacturers over the world." (ebenda)

Dank General Instruments konnte sich u.a. die Firma Coleco kurzzeitig als Ataris stärkste Konkurrenz profilieren. Coleco produzierte schon seit längerem Planschbecken und Spielwaren, als der Inhaber Arnold Greenberg 1975 beschloss, mit der Telestar-Konsole ins Geschäft der elektronischen Unterhaltung einzusteigen.

> „Greenberg ordered the necessary chips from General Instrument, the microelectronis company that supplied chips to most video-game manufacturers. In the beginning, Coleco's success seemed preordained. Of all the companies that ordered chips for console games from General Instrument, only Coleco received the quantities requested. (…) The *Telestar* came out in time for Father's Day, 1976. Coleco sold over $100 Millionen worth of the consoles and rose to the top of the consumer game business. Its leadership however, was short lived." (Kent, 2001a: 98)

Während der Markt für Heimkonsolen die Konsumenten mit immer mehr *Pong*-Klonen ermüdete, schaffte 1976 immerhin eine Variante in den Spielhallen, was bis dahin unmöglich schien: „Breakout was the first Pong descendant to be more addictive than the original." (Sellers, 2001: 24) Für Atari von den beiden späteren Apple-Gründern Steve Jobs und Steve Wozniak erschaffen[17], waren „Spielprinzip und Umsetzung so genial wie simpel" (Forster, 2008: 360). Im Gegensatz zu Pong spielte man nicht zu zweit, sondern versuchte mit einem Ball so lange eine farbige Mauer in der oberen Bildschirmhälfte zu treffen, bis diese verschwand. Und auch wenn es sich lediglich um eine Variation des immer gleichen

---

[17] Im Grunde genommen wurde das Spiel von Wozniak erschaffen. Jobs sollte einen Prototypen konstruieren, delegierte die Aufgabe an Wozniak weiter, behielt aber den Bonus, den Atari für jeden eingesparten Chip versprach. Insgesamt verdiente Jobs 5.000 Dollar, von denen Wozniak 350 Dollar erhielt.

Prinzips handelte, so verdeutlichte *Breakout* doch, dass sich Spielhallen immer mehr zu einem Ort spielerischer Innovationen entwickelten, was noch einen erheblichen Einfluss auf kommende Konsolen und deren Spiele haben sollte.

Diese Innovationen jedoch wären nicht ohne die von Fairchild Camera and Instruments ebenfalls 1976 veröffentlichte Chanel-F-Konsole denkbar gewesen. Es war einer der wenigen Neuerungen auf dem Gebiet der Heimkonsolen, dafür aber ein Meilenstein, welcher die Industrie für immer verändern sollte.

> „Diese Konsole war die erste mit einem Mikroprozessor und austauschbaren Spielen auf Steckkarten, so genannten Cartridges. Ein kleines technisches Wunder, das den Weg zu den heutigen dem Computer technisch ebenbürtigen Konsolen weist." (Lischka, 2002: 46)

Zwar war die Chanel-F-Konsole nie ein großer Erfolg, aber:

> „[I]t changed the consumer market forever. Consumers no longer wanted single-game consoles at any price. RCA responded quickly by announcing that it had a new game console under development, Magnavox went back to the lab, and Atari's engineers stated that they had named a new computer chip after a bicycle." (Kent, 2001a: 98)

3.1.3. Atari VCS, *Space Invaders* und „The Golden Age of Videogames"

Die Verantwortlichen bei Atari hatten bereits vor Veröffentlichung der Chanel F die Notwendigkeit zur Entwicklung neuer Technologien erkannt. „Restless as ever, Nolan Bushnell no longer believed that Atari's previous consoles, which were designed with a single game hardwired into their chips, would continue to attract consumers." (Kent, 2001a: 99) Und er sollte Recht behalten.

> „[T]he booming videogame industry was soon brought to its knees – and the reason was the very multiplicity of Pongs. By 1977, there were so many rival home machines that stores begann dumping them at knockdown prices, and many manufacturers went bust. It looked as if videogames had been a mere fad, a fad which now had burnt itself out. The industry was on the verge of total meltdown." (Poole, 2000: 20)

Um diesem Trend zu entgehen, entwickelte man auch bei Atari ein *Cartridge*-System, das Atari VCS (Video Computer System), dessen technische Architektur große Ähnlichkeit mit einem Computer hatte. So wurde beispielsweise derselbe 8-bit-Prozessor wie in frühen Apple-Computern verbaut, was das VCS für damalige Verhältnisse relativ leistungsstark machte, zumal für Heimelektronik.[18] „Compared with the VCS ... the Chanel F was as primitive as *PONG*." (Kent, 2001b: 43) Auch in anderer Hinsicht unterschied sich die neue Atari-Konsole von der Konkurrenz; so bot sie erstmals ein neues Eingabegerät, welches in der Folgezeit noch an Millionen von Heimkonsolen seinen Dienst verrichten sollte: Den *Joystick*, ein ‚Steuerknüppel', mit welchem die Spielelemente gesteuert wurden.[19] Darüber hinaus konnte das VCS mit verschiedenen Schaltern aufwarten, mit welchen die Schwierigkeitsstufe der Spiele verändert werden konnte, und welche es erlaubten, zwischen Farb- und Schwarz-Weiß-Darstellungen zu wählen. Das einzige Problem war, dass Atari nicht genügend Kapital hatte, um das VCS in ausreichenden Mengen herzustellen und somit auch weiterhin seine dominante Rolle auf dem Spielemarkt einnehmen zu können. In der Anfangszeit wurden die meisten Einnahmen gleich wieder investiert, um der großen Nachfrage an *Pong*-Automaten und Konsolen Herr zu werden; später dann verloren die Konsumenten langsam die Lust an Video-Tennis in all seinen Variationen. Auch das Geschäft mit den Arcades war geschwächt, was unter anderem in Zusammenhang mit den erstmals auftretenden, landesweiten Protesten gegen Gewalt in digitalen Spielen stand.[20]

---

[18] Auf der anderen Seite wurde an vielen Dingen gespart, um die Kosten so niedrig wie möglich zu halten. Die Anspielung Kents, „they had named a new computer chip after a bicycle", bezieht sich übrigens auf den zentralen Chip des VCS, welcher nach dem Fahrrad eines Mitarbeiters benannt wurde und den Namen „Stella" trug.

[19] Allerdings ist der *Joystick* keine originäre Atari-Erfindung: „Atari did not make the first joystick. German scientists developed the joystick during World War II for controlling guided missiles." (Kent, 2001a: 107)

[20] 1976 veröffentlichte die Firma Exidy ihr Spiel *Death Race*, bei welchem man mit einem Auto Fußgänger, laut Exidy Zombies, überfahren musste, welche nach ihrem Ableben ein Kreuz auf dem Bildschirm hinterließen. Das kontroverse Spiel wurde der Ausgangspunkt der ersten Gewaltdiskussion im Zusammenhang mit Videospielen.

Irgendwoher musste das Geld also kommen. So beschloss Bushnell nach einer Mitarbeitersitzung, Atari zu verkaufen. Im Oktober 1976 übernahm der Warner-Konzern für 28 Millionen Dollar die mit 500 Dollar gestartete Garagenfirma, 15 Millionen davon gingen direkt an Bushnell (vgl. Forster, 2008: 31). Dieser blieb zudem Aufsichtsratsvorsitzender, vertraten die Verantwortlichen bei Warner doch die Ansicht, dass er die treibende Kraft hinter Ataris Erfolg war. „In theory, except for a seemingly endless supply of funding – Warner invested $100 million in Atari – life at Atari would remain unchanged." (Kent, 2001a: 105) Ein Jahr später, im Oktober 1977, wurde das Atari VCS veröffentlicht, zu sammen mit neun Spielen, die meisten davon Automaten-Umsetzungen bzw. Variationen von ihnen.[21] Es sollte jedoch dauern, bis sich das VCS erfolgreich verkaufte. Zwar stellte Atari 400.000 Konsolen für die Weihnachtssaison her, „but sales were low, and although they remained steadier than expected after the holidays, Steve Ross, the president of Warner Communications, was furious" (Kent, 2001b: 43). Laut Bushnell lag ein erhebliches Problem im Versand, so dass die Konsolen nicht rechtzeitig in die Geschäfte kamen; noch dazu brachten kurz vorher diverse Mitbewerber wie RCA oder Magnavox *cartridge*-basierte Konsolen auf den Markt, was die durch *Pong* ohnehin abgestumpften Konsumenten nur verwirrte (vgl. Kent, 2001a: 107). Der Markt erlebte einen ersten Zusammenbruch, RCA beispielsweise zog sich nach Weihnachten 1977 ganz aus dem Geschäft zurück und Nolan Bushnell, dem, anscheinend durchaus berechtigt, Interesselosigkeit an der Firma vorgeworfen wurde, wurde nach den enttäuschenden Verkäufen des VCS gekündigt.[22] Bushnell wurde durch Ray Kassar ersetzt, einen Manager von der Ostküste, dessen geschäftlicher Hintergrund im Textilgeschäft lag und welcher Atari eine letzte Chance gab (zumal Warner schon die Liquidierung des Unternehmens in Betracht zog).

---

[21] So war das fest eingebaute Spiel *Combat* eine Variation von *Tanks*, wohingegen *Video Olympics* eine *Pong*-Version war.

[22] Es war einfach nicht mehr Bushnells Firma, viele Entscheidungen unter Warner geschahen ohne sein Einverständnis, so dass es für ihn schwierig war, seinen Enthusiasmus beizubehalten (vgl. Kent, 2001a: 108).

„Though he knew little about computers, Kassar was a man who understood the public's taste. In 1978 Atari enjoyed a record-setting Christmas, and the year marked the beginning of a new era of home video game technology, as the industry, less than a decade old, enjoyed its first real boom." (Kent, 2001b: 43)

Wesentlichen Anteil daran trug ein vom japanischen Hersteller Taito veröffentlichtes Arcade-Spiel: *Space Invaders*. „The spark that ignited the video-game explosion, starts with this, the original shoot-'em-up." (Sellers, 2001: 36) „Space Invaders was like nothing else. It captured the imagination of a whole generation, and may have been singly responsible for the rebirth of the flagging game industry." (Demaria & Wilson, 2004: 48) Die Aufgabe bei *Space Invaders* bestand darin, eine langsam näher rückende Reihe von außerirdischen Invasoren abzuschießen.

„Bei ‚Space Invaders' steuerte der Spieler eine Laserkanone auf dem Boden, die von vier darüber liegenden Schutzschilden geschützt wurde. Vom oberen Bildschirmrand kam ein Geschwader Aliens, die mit der Kanone abgeschossen werden mussten und den unteren Rand nicht erreichen durften. Allerdings schossen die Aliens auch zurück, so dass sich der Spieler mit seiner Kanone unter den langsam abbröckelnden Schutzschilden in Sicherheit bringen musste." (Wirsig, 2003: 425)

In seinem Herkunftsland Japan war das Spiel so erfolgreich, dass der Legende nach 100-Yen-Münzen knapp wurden, so dass die Produktion bis Ende 1978 verdreifacht werden musste (vgl. Kent, 2001a: 116). Allein im ‚Land der aufgehenden Sonne' wurden 100.000 Automaten verkauft und Videospielen neue Räume eröffnet; jetzt waren sie auch außerhalb von Spielhallen zu finden, beispielsweise in Hotels oder kleinen Geschäften. Einen ähnlichen Erfolg konnte *Space Invaders* in den USA verbuchen. Hier wurden mehr als 60.000 Maschinen aufgestellt, die ihrem Besitzer bis zu 400 Dollar die Woche einbrachten. Insgesamt soll Taito mit dem Spiel ein Gewinn von 500 Millionen Dollar gemacht haben (vgl. Wirsig, 2003: 424). „Suddenly, video games were the most lucrative equipment a vendor could own." (Kent, 2001a: 117) Auch in den USA traf man nun an Orten auf Videospielautomaten, an denen sie vor *Space Invaders* undenkbar gewesen wären, sei es im Supermarkt, Kino oder Restaurant. Das „goldene Zeitalter der Videospiele" hatte begonnen, und alle in der Industrie sollten davon profitieren.

Auch die Verkaufszahlen des Atari VCS erhöhten sich dank *Space Invaders*. Das System profitierte nicht nur vom allgemeinen Trend, sondern auch von dem Umstand, dass Kassar eine Lizenz erworben hatte, welche es Atari erlaubte, das Spiel für die Konsole umzusetzen. Dies war zugleich das erste Mal, dass ein Arcade-Spiel für eine Konsole lizenziert wurde. Auch auf dem VCS wurde der Titel ein Bestseller, es war ein *System Seller*, welcher dafür sorgte, dass die Plattform allein wegen des Spiels gekauft wurde. Zudem öffnete *Space Invaders* japanischen Herstellern die Tür zum Weltmarkt der Videospiele. So wurde das Spiel in den USA zuerst von Midway vertrieben, jedoch sagte sich Taito nach dem überwältigenden Erfolg von seinem amerikanischen Partner los.

Bei Atari stellte sich zwar nachhaltiger Erfolg ein – der Umsatz erhöhte sich dank des neuen Managements innerhalb von zwei Jahren von 75 Millionen auf zwei Milliarden Dollar – hinter den Kulissen jedoch kam es immer öfter zum Streit. Die Firmenphilosophien von Atari und Warner gerieten zusehends aneinander, ein Konflikt, der sich besonders an Ray Kassar entzündete. „Now that he was chief executive, he offended people in droves." (Kent, 2001a: 113) Was zunächst mit einem Aufeinanderprallen von Lebenseinstellungen begann, entwickelte sich zu einem handfesten Streit.

> „Perhaps even more significant was the dissatisfaction of the chief designer/engineers at the company. Kassar had routinely refused to allow their names to be publicized with the games, and even changed some names when speaking about them to the press. Moreover he refused to pay royalties, so, while some games were making the company many millions, the designers were given nothing to acknowledge their contributions." (Demaria & Wilson, 2004: 41)

Laut dem Atari-Spiele-Designer Howard Scott Warshaw war Kassar ein ‚klassischer Manager'.

> „He was used to blue-collar workers and white-collar workers. You handled blue-collar workers, who were at the bottom of the org chart ... To him, software engineers, who were at the bottom of the org chart, were to be handled, but he didn't take into account that we were highly intelligent, creative people who didn't take well to being handled'." (ebenda)[23]

---

23 Eine Anekdote veranschaulicht Kassars Verhalten bei Atari. Als er den Vorsitz des Unternehmens übernommen hatte, versammelte er die Spieledesigner, um

Dieses Gebaren demotivierte viele Programmierer, ihr Einsatz für die Firma, von der viele behaupteten, sie hätte ihre Seele mit dem Weggang von Nolan Bushnell verloren, ließ spürbar nach. Und so kam es, dass führende Programmierer das Unternehmen verließen. Den Anfang machten David Crane, Larry Kaplan, Alan Miller und Bob Whitehead. Ihre Motivation: Mehr Geld und mehr Anerkennung (vgl. Forster, 2008: 13; Lischka, 2002: 66), schließlich betrachteten sie das Entwickeln von Spielen als eine Kunst, da war es nur gerecht, wie Künstler behandelt zu werden (vgl. Kent, 2001a: 191). Zusammen gründeten sie 1979 das erste Unternehmen, welches ausschließlich mit dem Programmieren von Videospielen sein Geld verdienen sollte: Activision.

> „Eine der wichtigsten Leistungen war …, dass hier erstmals Spiele von der Hardware unabhängig entwickelt wurden. Bisher hatte jedes System seine eigenen Spiele, die vom Hardware-Hersteller selbst produziert wurden. Zwar wurden einige Spiele für verschiedene Systeme lizenziert, aber erst Activision brachte Spiele für ein Fremdsystem auf den Markt, ohne eigene Hardware anzubieten. Dadurch konnte sich in der Folgezeit eine von der Hardware mehr oder weniger unabhängige Spiele-Industrie entwickeln." (Wirsig, 2003: 14, 15)

Bis es soweit kommen sollte, musste Activision allerdings noch eine Klage seitens Ataris über sich ergehen lassen. Immerhin basierte das gesamte Geschäftsmodell des Branchenführers auf dem Verkauf von Spielen, welche für den Profit verantwortlich waren, während der Verkauf von Konsolen sich allein kaum rentierte.[24] Atari sah seine Geschäftsbasis in Gefahr, zog vor Gericht und verlor. In der Folgezeit sollte sich Activision

---

sich vorzustellen. „Der damalige Spieleentwickler Alan Miller gibt das Gespräch so wieder: ‚Was ist ihr beruflicher Hintergrund?' ‚Ich komme aus der Textilindustrie.' ‚Und wie werden sie mit den Designern hier umgehen?' ‚Nun, ich habe mein ganzes Leben schon mit Designern zusammengearbeitet.' Miller fragte sich, was für Designer das wohl gewesen waren. Kassar begann seinen nächsten Satz mit der berühmten Antwort: ‚Die Handtuchdesigner'." (Lischka, 2002: 66) Es war ein Aufeinandertreffen von Welten. Ataris *Work-smart-not-hard*-Motto stand der ‚seriösen' Geschäftswelt gegenüber. Maßgeschneiderte Anzüge und chauffierte Limousinen trafen auf Drogen, Bushnells Zapfhahn für Bier in seinem Büro und eine Vorliebe für Beratungen im Whirlpool.

[24] Eine Strategie, welche selbst in der aktuellen Konsolengeneration angewandt wird. Einzig Nintendos Wii erwirtschaftete von Anfang an allein durch die Hardware Gewinne. Die Xbox 360 und die PlayStation 3 mussten bzw. müssen subventioniert werden.

als einer der besten Spielehersteller für das Atari VCS profilieren, während um die dort tätigen Programmierer eine Art Starkult betrieben wurde.[25] Eines der herausragendsten Produkte Activisions war das 1982 erschienene Spiel *Pitfall*.

„Pitfall was the first game to feature a running, jumping, hero in a side-scrolling environment. Put another way, it was the first platform game, of which there have been about a zillion since. Think Lode Runner, Super Mario, all the way up to the 90s." (Demaria & Wilson, 2004: 66)

„Bevor jedoch neue ästhetische und spielerische Konzepte auf Konsolen erprobt wurden ... fand die Innovation für einige Jahre noch an einem anderen, altvertrauten Ort statt: Der Spielhalle." (Lischka, 2002: 46) In den späten 1970er und frühen 1980er Jahren wurden für die Arcades Spiele entworfen, die das Bild von digitalen Spielen zum Teil bis heute prägen. Ataris Antwort auf *Space Invaders* erschien 1979 und hörte auf den Namen *Asteroids*. Die Aufgabe des Spielers bestand darin, mit seinem Raumschiff über den Bildschirm zu fliegen und Asteroiden abzuschießen, welche sich bei Beschuss in zwei Teile aufspalteten, was ihre endgültige Vernichtung erschwerte. Zudem nahmen von Zeit zu Zeit zwei verschiedene Arten von Ufos die Rakete des Spielers ins Visier. Kurz danach veröffentlichte Midway *Galaxian*, eine Art *Space-Invaders*-Klon, welcher sich vom Original vor allen Dingen durch die Verwendung eines Farbmonitors unterschied (*Galaxian* war das erste Arcade-Spiel, welches einen Farbmonitor benutzte).

Ab den 1980er Jahren gab es kein Halten mehr.

„1978 had Space Invaders, and 1979 had Asteroids and Galaxian. But 1980 had to be the king of arcades years to date, boasting a bumper crop in the range of 100 new games released in the U.S. and Japan. 1980 is distinguished, not just for quantity, but by the sheer magnitude of its introductions. Even though not all the new releases were big hits, many set new standarts and several are all-time hall of famers." (Demaria & Wilson, 2004: 58)

---

[25] Activision existiert noch heute und ist einer der bedeutendsten Hersteller von digitalen Spielen. 2008 fusionierte das Unternehmen mit dem Computerspielhersteller Blizzard Entertainment und ist, gemessen am Umsatz, Marktführer. 2009 betrug der Umsatz mehr als vier Milliarden Dollar (vgl. http://investor.activision.com/ 08.03.2010).

Dazu gehört unter anderem Ataris *Battlezone*, das erste kommerzielle 3-D-Spiel überhaupt und eines der ersten, welches aus einer 3-D-Egoperspektive gespielt wurde. Aus einem gedachten Panzer heraus betrachtete man die Umgebung aus der Egoperspektive und suchte nach feindlichen Kettenfahrzeugen, um diese mit einem Schuss aus der Bordkanone zu zerstören. Weitere Klassiker aus dieser Zeit sind *Missile Command* und *Defender*. Bei ersterem musste man mit gezielten Schüssen feindliche Raketen abschießen, bevor diese sechs Städte vernichten, während die Aufgabe bei *Defender* darin bestand, mit einem Raumschiff Aliens auf einem fremden Planeten den Garaus zu machen. Dieses altbewährte Spielprinzip wurde um ein neues Element ergänzt; so mussten „auch die Menschen auf der dargestellten Planetenoberfläche beschützt beziehungsweise die entführten Menschen gerettet werden. ‚Defender' löste sich so zum ersten Mal aus der Linearität der übrigen Spiele, da mehrere Aufgaben gleichzeitig in Angriff genommen werden mussten. Zudem war das Spielfeld nicht auf die Größe des Bildschirms beschränkt. [Defender] führte das *Scrolling* ein. Der Spieler bewegte sich in einer unendlich wirkenden Landschaft, die über den Bildschirm glitt" (Wirsig, 2003: 119-120). All diese Spiele waren Erfolge, jedoch erblassten sie angesichts des bis dahin erfolgreichsten Videospiels aller Zeiten: *Pac-Man*.

1980 von der japanischen Firma Namco auf den Markt gebracht, entwickelte sich das Spiel zu einem Massenphänomen. Erschaffen wurde es von einem jungen Flipper-Designer namens Toru Iwatani.

> „He wanted to make a nonviolent game, something female players might enjoy. He decided to build his game around the Japanese word *taberu*, which means ‚to eat.' (...) The final game was exceptionally simple. Players used a joystick to guide Pac-Man as he swallowed a line of 240 dots in the maze. Four ghosts swept through the maze as well, trying to catch Pac-Man. The player lost if the ghosts caught Pac-Man before he cleared all the dots." (Kent, 2001a: 140-141)

Die Inspiration für das Design kam dabei angeblich von einer Pizza, aus der eine Ecke herausgeschnitten worden war, was Iwatani an einen geöffneten Mund erinnerte. Der erste Star des Mediums – und der Trend zu Charakteren in *Games* – war geboren. Der Erfolg war überwältigend.

„It would take an entire book to try to and describe just how big the Pac-Man phenomenon got in the year or two after its release. There was and will never be more hoopla around a video game. Entire industries rose up to quench the sick demand for the jaundiced pellet eater, whose image graced everything from bed sheets to waste baskets and from cans of ravioli to underwear. There were cover stories in *Time* [and] *People* magazines. A top-ten single, ‚Pac-Man Fever' briefly became a national anthem … At one point in 1981, four books about mastering Pac-Man simultaneously charted on the *New York Times* best-seller list … People got married next to Pac-Man machines and towns declared Official Pac-Man Day. To say that video games had finally gone mainstream is an understatement.“ (Sellers, 2001: 58)

Pac-Mans Einfluss sollte bis in die DDR reichen. Die Arcades erreichten langsam aber sicher ihren Höhepunkt.

Eine Firma, die an diesem Erfolg teilhaben wollte, war der japanische Spielkarten- und Spielwarenhersteller Nintendo. Der Einstieg in den amerikanischen Markt fiel dem 1889 gegründeten Unternehmen jedoch schwer; sein erster Automat Radarscope, welcher in Japan recht erfolgreich war, sprach das Publikum nicht an. Nicht einmal 3.000 Geräte konnten verkauft werden (vgl. Kent, 2001a: 156; *Pac-Man* hingegen verkaufte sich allein in den USA ca. 100.000 Mal). Glücklicherweise gab es Shigeru Miyamoto, einen jungen Industriedesignstudenten. Als Grafik- und Gehäuse-Designer arbeitete er an den Spielen *Racing 112* und *Block Kuzushi*; sein Debüt als Software-Designer feierte er, als er vom Nintendo-Vorsitzenden Hiroshi Yamauchi mit der Entwicklung eines neuen Arcade-Titels beauftragt wurde (vgl. Forster, 2008: 216). Als er überzählige Radarscope-Platinen in ein neues Spiel verwandeln sollte, entwarf er *Donkey Kong*. Das Spiel drehte sich um einen Zimmermann, der sich einen großen Gorilla als Haustier hielt. Weil er ihn jedoch schlecht behandelt hatte, entführte der Affe seine Freundin und verschanzte sich auf dem obersten Teil eines Baugerüsts. Der Spieler musste in Gestalt des Zimmermanns dieses Gerüst erklimmen und seine Freundin befreien, was allerdings durch Gegenstände, die der Gorilla hinunterwarf, erschwert wurde. Obwohl die amerikanischen Handelsvertreter fürchteten, dass *Donkey Kong* aufgrund des seltsamen Namens ein Flop werden würde[26] und kurz davor waren, Nintendo im Stich zu lassen, wurde das Spiel ein großer Erfolg: „Allein im Veröffentlichungs-jahr 1981 wurden in Amerika 65.000 Donkey-Kong-Automaten verkauft." (Wirsig, 2003: 134) Und noch etwas zeichnete *Donkey Kong* aus. Einer der berühmtesten und langlebigsten Videospielcharaktere hatte hier sei-nen ersten Auftritt: *Mario*.[27]

> „Mario wasn't given his name until well after Donkey Kong has been designed. After receiving the program from overseas, the Nintendo of America team needed to refine the English-language instructions for the cabinet and wanted to ascribe real names to Jumpman [so der Name im Original] and his girlfriend." (Sellers, 2001: 66)

Auf *Mario* konnte man sich erst einigen, nachdem der Besitzer der La-gerhalle, in der Nintendo seine Automaten lagerte, Mario Segali, in der Zentrale anrief, um nach der Miete zu verlangen. Nach einigen Spielen sollte sich *Mario* vom bösen Zimmermann in den sympathischen Klemp-ner und die Ikone verwandeln, die bis heute Nintendos Maskottchen dar-stellt. Shigeru Miyamoto wurde in Folge dieser Entwicklung einer der er-folgreichsten und bekanntesten Spieledesigner überhaupt. So wurde er 1998 das erste Hall-of-Fame-Mitglied der amerikanischen *Academy of Interactive Arts and Science* und 2008 zum Ritter des französischen *Arts et des Lettres* geschlagen (vgl. Forster, 2008: 216).

Nicht nur das Geschäft mit den Arcades lief hervorragend, auch das Atari VCS verkaufte sich sehr gut. Die Spiele waren meist Umset-zungen erfolgreicher Automaten. Diese wussten zwar zumeist nicht den Vorteil einer Konsole zu nutzen – Spiele konnten länger als fünf Minuten dauern und waren nicht nur da, um den Spieler dazu zu verleiten, so viel

---

[26] „Since Miyamoto spoke only a little English, he used a Japanese-English dictiona-ry to find the correct words for the title. He wanted to name the game after the ape – ‚Stubborn Gorilla.' Looking through the dictionary, Miyamoto selected the word *donkey* as a synonym for ‚stubborn' and the word *Kong* for ‚gorilla'." (Kent, 2001a: 158)

[27] *Donkey Kong* setzte den von *Pac-Man* eingeführten Trend, Charaktere anstatt abstrakter Gestalten in Spielen auftreten zu lassen, eindrucksvoll fort. Dies führte auch zu der Notwendigkeit, diesen Charakteren eine Geschichte zu geben bzw. das Spiel selbst in eine größere Geschichte einzubetten, was ebenfalls eine Neu-igkeit in den Arcades darstellte (vgl. Lischka, 2002: 74).

Geld wie möglich einzuwerfen – dennoch: „Atari was starting to enjoy the greatest game sales ever seen. (...) Atari was sitting on top of the world. Money was pouring in. It was Atari's ‚Golden Age'." (Demaria & Wilson, 2004: 64, 98) Aus der Garagenfirma war ein Milliardenunternehmen geworden, ein Umstand, der wie so oft die Konkurrenz anlockte. Einer der stärksten Mitbewerber Ataris in den frühen 1980ern war der amerikanische Spielzeugkonzern Mattel, welcher 1980 das dem Atari VCS technisch überlegene Intellivision herausbrachte. Das Intelligent Television konnte mit detaillierterer Grafik aufwarten, allerdings erreichte das System nie den Erfolg des VCS[28], auch wenn es sich eine Nische mit (für die damalige Zeit) realistischen Sportspielen eroberte, so dass Mattel durchaus von dem Einstieg in das Geschäft mit digitalen Spielen profitierte (Kent spricht sogar von „enormous profits", Kent 1997: 45).

Videospiele wurden zu einer „major force in popular culture" (ebenda: 44), man redete über sie auf MTV, sie beeinflussten Filme (z.B. *Tron*) und ganze Zeichentrickserien basierten auf ihnen.

„A *Time* magazine cover story reported that Americans dropped 20 billion quarters into video games in 1981 and that ‚video game addicts' spent 75,000 man-years playing the machines. The article went on to explain that the video game industry earned twice as much money as all Nevada casinos combined [and] nearly twice as much money as the movie industry." (Kent, 2001a: 152)

Doch das „goldene Zeitalter der Videospiele" sollte bald ein jähes Ende nehmen. Verantwortung daran trug unter anderem die verfehlte Firmenpolitik Ataris im Hinblick auf die Spiele für das VCS sowie mangelnde Innovationsbereitschaft, welche die ganze Industrie mit in den Untergang riss. Die ersten Anzeichen für eine Krise waren allerdings in den Arcades auszumachen.

---

[28] So verkaufte sich das Atari VCS bis Anfang 1980 allein sechs Millionen Mal (vgl. Demaria & Wilson, 2004: 64), während das Intellivision in seiner gesamten Laufzeit lediglich drei Millionen Abnehmer fand (vgl. Forster, 2004: 24). Ehemalige Mattel-Mitarbeiter geben allerdings höhere Zahlen an – bis zu 3,5 Millionen Verkäufe in einem Jahr (vgl. Kent, 2001a: 196).

3.1.4. Der Crash 1982/1983 (West)

> „There's a joke that on June 21, 1982, at approximately 4: 30 P.M., the video game business fell over a cliff. People stopped playing them and operators stopped buying them. And that pall lasted for many, many years and nobody's been able to figure out why." (Eddie Adlum zitiert nach Kent, 2001a: 175)

Der Niedergang der Industrie begann Mitte 1982, sie brach zunächst nicht zusammen, sondern hörte einfach auf zu wachsen. Die ersten, die die Auswirkungen zu spüren bekamen, waren kleine Unternehmer oder Geschäftsbesitzer, welche Arcade-Automaten an weniger frequentierten Plätzen aufgestellt hatten.

> „Pac-Man and Space Invaders were going into virtually every location in the country with the exception of funeral parlors ... And even a few funeral parlors had video games in the basements. Absolutely true. I believe churches and synagogues were about the only types of locations to escape video games." (Eddie Adlum zitiert nach Kent, 2001b: 44)

Im Zuge des nachlassenden Interesses verschwanden die Automaten langsam aber sicher aus den Lobbys chinesischer Restaurants, aus kleinen Lebensmittelläden und schicken Hotels. Sie rentierten sich nicht mehr. Zum gleichen Zeitpunkt hatten verschiedene Firmen, in dem Glauben, das Geschäft mit den Videospielen würde weiter wachsen, riesige Spielhallen aus dem Boden gestampft.

> „Arcades like Castle Park, a multimillion-dollar 17,000-square-foot operation in Riverside, California, needed thousands of customers per week to survive. As interested waned, these large new arcades attracted too few customers to meet expenses." (Kent, 2001a: 176)

Millionen von Dollar gingen verloren, Unternehmer, die ihre ganze Hoffnung in das Geschäft mit den lärmenden Automaten gesetzt hatten, blieben auf teurer Ausrüstung sitzen, mit der niemand mehr spielen wollte. Für einen Moment sah es noch so aus, als ob sich das sehr schnell gewachsene Geschäft nur korrigieren würde. Dies war jedoch nicht der Fall.

> „Many arcade owners purchased new equipment and tried to hang on until business picked up again. It never did. The coin-operated video-game business continued a fairly steady decline for the next fifteen years." (ebenda)

Niemand hatte eine genaue Erklärung für diesen Niedergang. Zwar wurden auch in der Folgezeit noch sehr gute Spiele für die Arcades veröffentlicht, an die Erfolge vergangener Tage konnten diese aber nicht anknüpfen.

„We could just say it's a fickle public. [W]e ... know that the stuff that we sell is generally called ‚novelty,‘ and novelty is not forever, you have to constantly freshen it. We tried to freshen it, but apparently not to the point where the public would play it with the reckless abandon that they were playing before." (Eddie Adlum zitiert nach Kent, 2001a: 177)

Der Markt für Heimvideospiele hingegen lieferte noch keinen Grund zur Beunruhigung. So veröffentlichte beispielsweise Coleco, das Unternehmen, welches bereits mit dem Telestar-System einen ersten kurzen Erfolg verbuchen konnte, 1982 das Colecovision, „die Traumkonsole der frühen 80er Jahre" (Forster, 2004: 30). Ihre Technik übertrumpfte nicht nur das Atari VCS, sondern auch Mattels Intellivision. Erstmals konnten aufwendige Arcade-Spiele ohne technische Abstriche auf dem heimischen Fernseher bestaunt werden. Noch dazu sicherte ein cleverer Lizenzdeal mit Nintendo die Markteinführung. Coleco durfte die Umsetzung des *Donkey-Kong*-Automaten in den ersten sechs Monaten exklusiv auf seiner neuen Konsole vertreiben – wer *Donkey Kong* in den eigenen vier Wänden spielen wollte, musste zum Colecovision greifen oder sechs Monate warten, bis Umsetzungen für das Atari VCS und das Intellivision erschienen.

Dann kam der 7. Dezember 1982.

„On December 7, 1982, Atari announced that it expected a 10 to 15 percent increase in sales in the fourth quarter. Until that announcement, Atari executives had been talking about an increase of 50 percent. Analysts were shocked. Atari had never given any indication that sales were not on target. The news set off a panic." (Kent, 2001a: 234)

Bei näherer Betrachtung aber konnte die Diagnose nicht überraschen – Atari hatte tiefsitzende Probleme, welche letzten Endes für den Zusammenbruch der gesamten Industrie verantwortlich waren. Das Unternehmen hatte sich von einer Garagenfirma alternativ eingestellter Lebenskünstler in die Heimat von Managern verwandelt, die glaubten, sie könnten so gut wie alles verkaufen, so lange es nur wie ein Videospiel aussah. „One executive was heard to boast, ‚I can put horseshit in a cartridge and sell millions of them'." (Demaria & Wilson, 2004: 105) Beispielsweise existierte ein Spiel namens *Chase the Chuck Wagon*, welches auf einer Fernsehwerbung für Chuck-Wagons-Hundefutter basierte. Selbst eine VCS-Version vom Rubiks-Würfel hatte Atari im Angebot. Gegenüber einem Preis von 3,95 Dollar für das Original, kostete die elektronische Version 40 Dollar, war komplizierter, sah schlechter aus und konnte nicht in jeder Hosentasche verstaut werden (vgl. Kent, 2001a: 235-236). Zu behaupten, der kreative Ausstoß der Softwareproduzenten wäre niedrig gewesen, grenzt angesichts solcher Spiele an einen Euphemismus.

Dazu kam das Problem, dass es nicht nur schlechte Spiele gab, es gab auch zu viele von ihnen. Nachdem Activision aus dem Rechtsstreit mit Atari als Sieger hervorgegangen war, war der Weg für so genannte ‚third-party publishers' frei, also externe Unternehmen, die ihr Geld mit dem Programmieren von Software für fremde Hardware verdienten. In Anbetracht der Tatsache, dass Activision noch schneller gewachsen war als Atari, ließen neue Spieleanbieter nicht lange auf sich warten. Bereits im Frühjahr 1982 gab es mehr als 50 Firmen, die für das Atari VCS programmierten, davon rechnete sich jede ca. fünf Prozent Marktanteil aus. Eine überaus optimistische Einschätzung, wie das Beispiel von Activision zeigt.

> „Our projections at Activision, which we believed were pretty accurate, estimated that the total 1982 cartridge market would be about 60 Million units. Activision had between 12 percent and 15 percent of the market. We planned to sell maybe 7 or 8 Million cartridges and manufactured accordingly'." (Jimy Levy zitiert nach Demaria & Wilson, 2004: 104)

Atari war zu diesem Zeitpunkt jedoch so sehr vom eigenen Erfolg geblendet – das Unternehmen war mit mehr als 70 Prozent Marktanteil klarer Monopolist (vgl. Lischka, 2002: 51) – dass die neuen Mitbewerber gar nicht wahrgenommen wurden, als es darum ging, wie viele *Cartridges* verkauft werden sollten – und konnten. So wurde allein von Atari ein Volumen von 60 Millionen Steckkarten eingeplant, was 100 Prozent des Marktes entsprach (vgl. Demaria & Wilson, 2004: 104). Dazu glaubte jeder Bewerber, ca. ein bis zwei Millionen Spiele verkaufen zu können.

Das Ergebnis war ein mehr als 200-prozentiges Überangebot an Spielen, die meisten davon schnell programmiert und von schlechter Qualität. Der Großteil landete Ende des Jahres unverkauft in Warenhäusern und wurde, damit die Hersteller ihre Verluste minimieren konnten, zu Dumpingpreisen auf den Markt geworfen.

Auch auf der Hardware-Seite zeigte Atari wenig Mut zu Innovation bzw. reagierte mit der Trägheit eines Monopolisten. Das Atari VCS war technisch längst veraltet und hätte abgelöst werden müssen. Erst Ende 1982 wurde als Nachfolger das Atari 5200 veröffentlicht. Technisch zwar stark, hatte die Konsole jedoch mit einigen Problemen zu kämpfen. Zum einen war der *Joystick* schlecht designt, er zentrierte sich nicht selbst, was sich in der Spielpraxis katastrophal auswirkte (vgl. Forster, 2004: 40), zum anderen waren viele Spiele einfach nur audiovisuell verbesserte Versionen alter VCS-Titel.[29] Besonders aber zwei Titel sollten Atari zu schaffen machen; zugleich hätten sie den Vorstand vor einem drohenden Zusammenbruch warnen können: Die VCS-Version von *Pac-Man* sowie das Spiel zu *E.T.*, dem damals erfolgreichsten Film aller Zeiten.

> „The first indication of trouble came in May 1982, but no one seemed to notice. Atari manufactured 12 million copies of *Pac-Man*, even though the company's research showed that less than 10 million people actually owned and used its 2600s [ein anderer Name für das VCS]. Atari manufactured over two million extra copies on the theory that millions of people would buy the hardware just to play *Pac-Man*." (Kent, 2001a: 236)[30]

Eine gewagte Annahme, die bei *Space Invaders* noch aufging, jedoch bei *Pac-Man* nicht mehr griff. Hinzu kam, dass die Umsetzung des Spiels nicht geglückt war. Die Animation der Spielfiguren war langsam und sie flackerten so stark, dass sie teilweise nicht mehr zu sehen waren. Zwar verkaufte sich der Titel trotz dieser Fehler sieben Millionen Mal, aber viele Käufer waren so enttäuscht, dass sie das Spiel in die Geschäfte zu-

---

[29] Atari machte darüber hinaus den Fehler, das 5200 so zu designen, dass es alte VCS-Titel nicht abspielen konnte – und das obwohl die meisten Spiele noch für die veraltete Konsole entwickelt wurden.

[30] Auf die Frage, warum Atari so viele *Cartridges* hergestellt habe, sagte ein Manager „that they thought people would want to have a second copy at their ski house. Yes, someone said that" (Demaria & Wilson, 2004: 105).

rückbrachten und ihr Geld zurück verlangten. Ataris Ansehen nahm ersten größeren Schaden.

Noch verheerender aber waren die Auswirkungen von *E.T.* Warner-Boss Steven Ross hatte Spielberg im Juli 1982 25 Millionen Dollar für die Rechte an dem Spiel zu dem Film bezahlt und gleichzeitig versprochen, dass es bis Weihnachten fertig sei. Die Folge war, dass sehr wenig Zeit übrig blieb, um es zu entwickeln und herzustellen.

> „Am 23. Juli 1982 wurde der Programmierer Howard Scott Warshaw mit der Entwicklung eines neuen Spiels ... beauftragt. Das Spiel musste am 1. September fertig sein. In sechs Wochen wurde ein Spiel aus dem Boden gestampft, das außer dem Titel E.T., einem miesen Gameplay und noch schlechterer Grafik nichts bot." (Lischka, 2002: 53)

Aufgabe des Spielers war es, einen Apparat zusammen zu bauen, mit dem der Außerirdische nach Hause telefonieren konnte. Leider fiel er dabei die meiste Zeit in plötzlich auftauchende Löcher. Fünf Millionen Steckmodule hatte Atari produziert, fast keins davon wurde verkauft (vgl. Kent, 2001a: 238). Zusammen mit dem *Pac-Man*-Desaster war dies der Anfang vom Ende Ataris – und somit auch des „golden age of videogames". 1983 machte die Firma einen Verlust von 356 Millionen Dollar und entließ 3.000 Mitarbeiter (vgl. ebenda: 239). Mattel schloss seine Elektronik-Abteilung 1984, nachdem sie kurz vorher ein Defizit von 201 Millionen Dollar erwirtschaftet hatte (vgl. Forster, 2008: 200). Während 1981 mit Videospielen allein in den Vereinigten Staaten ein Umsatz von drei Milliarden Dollar gemacht wurde, waren es 1985 weltweit nur 100 Millionen (vgl. Lischka, 2002: 53-54). Die Umsätze bei den Automatenspielen brachen um 40 Prozent ein, während Schätzungen zufolge 1983 die Hälfte aller Arcades in den USA schließen mussten (vgl. ebenda). Atari versenkte derweil sechs Millionen unverkaufter Spiele in einer Grube in der Wüste New Mexicos. Und doch: Auf Spiele musste die Öffentlichkeit nicht verzichten, denn mit dem Zusammenbruch der Videospielindustrie begann die Ära des Computerspiels.

Während der Anfang der siebziger Jahre im Westen den Beginn der Videospielindustrie darstellte, markierte er in der DDR im Zuge der Machtergreifung Honeckers 1971 den Wandel zur „Einheit von Wirtschafts- und Sozialpolitik", ein Prozess, welcher im Hinblick auf die Entwicklung von Spielen zwiespältig beurteilt werden kann. So wurde die forcierte Entwicklung der Hochtechnologiebereiche, worunter auch die Mikroelektronik- und Halbleiterindustrie fiel, nach nicht befriedigenden Ergebnissen zugunsten eines „Schwenks in der Wirtschafts- und Sozialpolitik" (Steiner, 2004: 165) gestoppt. Zwar wurden die Investitionen in die „strukturpolitisch wichtigen Bereiche" der Hochtechnologie zurückgefahren; ohne Honeckers neue Hauptaufgabe allerdings wäre die erste und einzige Videospielkonsole der DDR, das BSS01, wahrscheinlich nie erschienen. Aber unter Honecker kamen auch die Beschlüsse zustande, welche die DDR, unter anderem um der mangelnden internationalen Konkurrenzfähigkeit der Produkte abzuhelfen, mit Nachdruck ins Zeitalter der Mikrochips befördern sollte – und das Land 1982, also fast zur selben Zeit wie der ‚Crash' im Westen, im Zusammenwirken mit anderen Faktoren an den Rande des Ruins trieb.

3.2. Wirtschaftsgeschichte der DDR von 1971 bis 1982: Der großе Crash (Ost)

„Die Ulbrichtsche Wachstums- und Technologieoffensive der späten 60er Jahre hatte eine Wachstumskrise hinterlassen, die ebenso eine Versorgungskrise war, da mit der forcierten Entwicklung der Hochtechnologiebereiche die konsumnahen Wirtschaftssektoren vernachlässigt worden waren." (Steiner, 2004: 165)

Von diesem Umstand ausgehend, wurden mit dem Wechsel von Ulbricht zu Honecker an der SED-Spitze die Grundlinien der Wirtschaftspolitik neu definiert.[31] Auf dem VIII. Parteitag der SED im Juni 1971 wurde das Konzept der „führenden Industrie" zugunsten einer planmäßig proportionalen Entwicklung der Wirtschaft kritisiert. Außerdem sollten vielmehr die Bedürfnisse der Menschen als Ausgangspunkt weiterer Planungen be-

---

[31] Es ist strittig, inwieweit diese Ablösung nun eine Zäsur, einen Bruch, einen Wandel oder Kontinuität darstellt (vgl. Ihme-Tuchel, 2002: 62-73; Weber, 1988: 284-296). Je nach dem, welchen Bereich man betrachtet, sei es Wirtschafts-, Sozial-oder Kulturpolitik, muss die Beurteilung unterschiedlich ausfallen. Wie Weber bemerkt, war die SED sehr bestrebt, den VIII. Parteitag als „Wende in der Politik der Partei" und als „besonders wichtige Zäsur" darzustellen. Die Brüche gegenüber der Ulbricht-Ära waren jedoch weniger tief und die Kontinuität der Entwicklungen größer, als die SED zugeben wollte (vgl. Weber, 1988: 284).

rücksichtigt werden. Entsprechend verkündete Honecker als die neue „Hauptaufgabe der sozialen und ökonomischen Entwicklung": „[D]ie weitere Erhöhung des materiellen und kulturellen Lebensniveaus auf der Grundlage eines hohen Entwicklungstempos der sozialistischen Produktion, des wissenschaftlich-technischen Fortschritts und des Wachstums der Arbeitsproduktivität" (Honecker zitiert nach Cornelsen, 1988: 358), kurz die „Einheit von Wirtschafts- und Sozialpolitik". Von nun an sollte die Versorgung der Bevölkerung mit Konsumgütern Vorrang vor weiteren Erhöhungen der Investitionen haben, während der Wirtschaftsmechanismus wieder strikt auf zentralen Entscheidungen basierte.

> „Über die politischen Ziele, die die Honecker-Führung mit der neuen Hauptaufgabe verfolgte, gibt es so gut wie keinen Dissens. Zumeist wird argumentiert, dass dieses sozialistische Wohlfahrtsprogramm die Loyalität der Ostdeutschen gegenüber dem Staat steigern und eine Wiederholung des Juniaufstandes im weitesten Sinne verhindern helfen sollte." (Ihme-Tuchel, 2002: 66)

Die Formel lautete „Versorgungssicherheit gegen Machterhalt", zumal die wohlfahrtsstaatlichen Leistungen zu den wichtigsten Grundlagen eines Systems gehörten, welches sich nicht über freie Wahlen und demokratische Strukturen Zustimmung verschaffen konnte. Ähnliche Vorgänge gab es auch in anderen Ostblockländern. So wurde beispielsweise in Polen, nachdem 1970 Arbeiter auf den Versuch einer Sanierungspolitik mit Streiks reagiert hatten, welche blutig niedergeschlagen wurden, ein Schwenk in der Wirtschafts- und Sozialpolitik eingeleitet, der die materiellen Interessen der Werktätigen stärker berücksichtigte.[32] Damit verband sich auch die Hoffnung, einen Anreiz für eine erhöhte wirtschaftliche Leistungsfähigkeit herzustellen. Diese erfüllte sich jedoch nicht, die „Einheit von Wirtschafts- und Sozialpolitik" sollte sich letztlich, ganz im Gegenteil, als „Sargnagel" der DDR erweisen (ebenda: 87).

---

[32] „Da es trotz aller Bemühungen um eine ‚sozialistische Lebensweise' nicht gelungen ist, einen eigenen akzeptierten ‚Zivilisationstyp' zu schaffen, ergibt sich aus dieser Zielsetzung nicht zuletzt eine Bindung an die wissenschaftlich-technische Entwicklung, an die Arbeitsorganisation und die Konsumgewohnheiten des doch im übrigen prinzipiell bekämpften ‚kapitalistischen Feindes'." (Zimmerman, 1988: 245) Hieran zeigt sich, dass die Einführung von digitalen Spielen ohne die neue Hauptaufgabe nicht denkbar gewesen wäre.

Die neue ehrgeizige Hauptaufgabe ließ sich nur durch zusätzliche, kreditfinanzierte Westimporte an Konsumgütern realisieren, denen in nicht ausreichendem Maße Exporte von hochproduktiv gefertigten, qualitativ konkurrenzfähigen Waren gegenüberstanden (vgl. ebenda: 67). So belief sich das Handelsdefizit der DDR zwischen 1971 und 1981 auf insgesamt 20 Milliarden Dollar (vgl. Steiner, 2004: 193). Ostdeutschland begann, über seine Verhältnisse zu leben und sich massiv im Westen zu verschulden. Entsprechende Kritik, dass bisher die Strukturpolitik und jetzt die Konsumtion überzogen werde, wurde von Honecker ignoriert.

Auch beschränkten die Ausgaben für das Konsum- und Sozialprogramm die Gelder, die für Wissenschaft und Technik bereitgestellt werden konnten, während die Ignoranz gegenüber wissenschaftlich-technischen Problemen in der beginnenden Ära Honecker eine neue Qualität erreichte (vgl. Steiner, 2004: 180). Auf der anderen Seite wurde, relativ gesehen, immer noch am meisten in die Branchen investiert, die Ende der 1960er Jahre im Mittelpunkt der Strukturpolitik standen, darunter auch die Datenverarbeitungsindustrie. Dies lag zu guter Letzt daran, dass durch die schwerwiegenden Probleme im Außenhandel ein erneutes Umdenken einsetzte. Traditionelle Industrieprodukte der DDR konnten im internationalen Wettbewerb nicht mehr mithalten, was es unumgänglich machte, neue Technologien zu entwickeln, die auf dem Weltmarkt bestehen konnten (vgl. Cornelsen, 1988: 365).

„So wurden die Weichen umgestellt und eine technologische Konzeption entwickelt, die wieder deutlich an die sechziger Jahre anknüpfte ... Dagegen war nicht mehr von der ‚planmäßigen proportionalen Entwicklung' die Rede, mit der man auf dem VIII. Parteitag angetreten war." (ebenda)

Darüber hinaus wurde diese Entwicklung nachhaltig durch den „Ölpreisschock" von 1973 gefördert, welcher die rohstoffarme DDR besonders traf.[33] In der Folge verschlechterten sich die *Terms of Trade* für die Roh-

---

[33] Zwar galt in der DDR zu diesem Zeitpunkt das Bukarester Prinzip – fünf Jahre konstante Preise, deren Basis die Weltmarktpreise einer bestimmten Referenzperiode, „bereinigt vom schädlichen Einfluss des kapitalistischen Marktes", waren – was den Preisanstieg erst im Zeitraum 1976 bis 1980 spürbar gemacht hätte. Jedoch kam auf Drängen der Sowjetunion, größter Lieferant an Roh- und Brennstof-

stoffe importierende und Industrieprodukte exportierende DDR: Die notwendigen Einfuhren wurden immer teurer, während die Exporte zunehmen mussten, um sie zu bezahlen. Dies ging mit einer entsprechenden Erhöhung des Handelsdefizits gegenüber dem Westen einher. Um das Defizit der Leistungsbilanz in Grenzen zu halten, musste die Importsteigerung gedrosselt und das Exportwachstum erhöht werden, was negative Auswirkungen auf das im Inland zur Verfügung stehende Güterangebot hatte. Auch unter diesem Aspekt war eine Neuorientierung der Wirtschaft im Hinblick auf die Entwicklung neuer, weltmarktfähiger Produkte vonnöten, was mit der Aufforderung zur „Ausschöpfung aller Möglichkeiten moderner Technologie einherging" (ebenda: 365).

Gleichzeitig sah sich die politische Führung dem Dilemma ausgesetzt, dass das zum großen Teil durch Importe gedeckte Angebot an Konsumgütern im Inland sich im Interesse des Machterhaltes nicht allzu sehr verschlechtern durfte. Entsprechend wurden Preiserhöhungen nicht an die Verbraucher weitergegeben, sondern mit Hilfe von Subventionen und Veränderungen der Steuersätze ausgeglichen. So sollen in den 1980er Jahren pro Jahr 75 Milliarden Mark in Preissubventionen geflossen sein (vgl. Ihme-Tuchel, 2002: 88).[34]

Um der mangelnden Konkurrenzfähigkeit der Produkte beizukommen, verabschiedete die DDR-Spitze auf der 6. Tagung des ZK der SED im Juni 1977 den „Beschluss zur Entwicklung der Mikroelektronik" – ein „Meilenstein der Strukturpolitik", welcher die Förderung moderner Technologie ausdrücklich im Plan verankerte (Cornelsen, 1988: 360). Die Mikroelektronik hatte sich weltweit immer mehr als Basisinnovation herauskristallisiert. Auch in der DDR sollte sie der Stärkung der Exportkraft sowie der Intensivierung der Produktion dienen, entsprechend wurde sie gefördert. „Im letzten Drittel der 70er Jahre sollen etwa 2 Mrd. Mark für das Mikroelektronikprogramm aufgewendet worden sein, was ca. 12 %

---

fen, eine Neuregelung zustande, die eine jährliche Preisanpassung mit sich brachte (vgl. Cornelsen, 1988: 358).

[34] Allerdings wurden die Subventionen nach einem Beschluss des ZK der SED Ende 1979 nur auf den „Grundbedarf" eingeschränkt. „Höherwertiger Bedarf" sollte mit dem Preis die Kosten decken. Allerdings konnte sich diese Änderung wohl erst nach langen internen Diskussionen durchsetzen (vgl. Cornelsen, 1988: 363).

der damaligen Jahressumme der Nettoinvestitionen im ‚produzierenden'
Sektor entsprach." (Steiner, 2004: 182) Doch trotz der enormen Investitionen verringerte sich der Abstand zum Westen nicht (siehe auch Kapitel
3.3). Vielmehr wurde für einen weiteren Anstieg des Schuldenberges gesorgt: Die Kredite aus dem Westen wurden benötigt, „um Konsumgüter
und hochwertige Vorprodukte importieren zu können, die man für das
anspruchsvolle Vorhaben brauchte, eine eigene Computerindustrie auf-
zubauen" (Maier, 1999: 138).

Zwar wurde das System unter anderem durch die Aktionen des mit
der Staatssicherheit personell und institutionell eng verbundenen Bereichs Kommerzielle Koordinierung (Koko) unterstützt, welcher mit
marktwirtschaftlichen Mitteln für die „maximale Erwirtschaftung kapitalis-
tischer Valuten außerhalb des Staatsplans" (Kirchner, 2000: 123) sorgte:
Das System wurde durch eine außerhalb des Systems stehende Institu-
tion gestützt. Allerdings konnte diese nur als eine Art ‚Feuerwehr' dienen,
um einzelne Probleme zu lösen. Diese unheilvollen Entwicklungen, in
Kombination mit mangelnder Unterstützung durch die östliche Hegemo-
nialmacht und den weltwirtschaftlichen Entwicklungen, brachte die DDR
an den Rand der Zahlungsunfähigkeit. Hauptursache war die nach wie
vor mangelnde internationale Konkurrenzfähigkeit der ostdeutschen Produktion sowie die nicht durch eigene Produktivitätszuwächse, sondern
durch Kredite finanzierte Wohlstandsverbesserung, welche bereits ab
1973 für ein starkes Handelsdefizit gegenüber der westlichen Welt sorgte (vgl. Steiner, 2004: 191, 196). Als Ende der 1970er Jahre weltweit die
Zinsen stiegen und sich die Rohstoffpreise abermals vervielfachten, ver-
schärften sich die Probleme.

> „Zudem stand auch die Sowjetunion ... durch die im Westen beginnende Nach-
> rüstungsdebatte und vor allem durch ihre Afghanistan-Invasion 1979 ... zu-
> nehmend wirtschaftlich und politisch unter Druck, so dass von ihr ökonomisch
> immer weniger Unterstützung zu erwarten war." (ebenda: 166)

Dies traf die von Rohstoffimporten abhängige DDR besonders stark. Es
taten ihr Übriges: Der drückende Schuldendienst, Milliarden-Investitionen
in die Mikroelektronik, eklatante Fehlentscheidungen und das Unvermö-
gen, den veränderten Weltmarktbedingungen (trotz starker Förderung

moderner Technologien) angepasste Produktions- und Außenhandels-
strukturen zu entwickeln (vgl. Hein, Hoeppner & Stapel, 1992: 22). Als
sich Polen 1982 zahlungsunfähig erklärte und der Westen de facto einen
Kredit-Boykott gegen den Ostblock verhängte, holte die Realität die DDR
ein: Sie fand sich in der Schuldenfalle wieder.

Wie verdeutlicht, hing die Förderung der Mikroelektronik stark mit
der gesamtwirtschaftlichen Entwicklung zusammen. Nach schwacher
Unterstützung zu Beginn von Honeckers Amtszeit, entwickelte sie sich
spätestens ab 1977 zur milliardenschweren ,Schlüsselindustrie', welche
die DDR, wenn auch mit einiger Verspätung, ins Zeitalter der Mikrochips
beförderte – und somit endgültig die Voraussetzungen für Spiele hinter
dem Eisernen Vorhang schuf.

3.3. Geschichte der Mikroelektronikindustrie der DDR von 1971 bis 1982: Schlüsselindustrie und Milliardeninvestitionen

„Während sich die Mikroelektronik in der ersten Hälfte der siebziger Jahre in
den führenden westlichen Industriestaaten zu einer Schlüsseltechnologie entwickelte, beschloss die SED auf der 14. Tagung des ZK im Dezember 1970 und
auf ihrem VIII. Parteitag im Juni 1971 die drastische Senkung der Investitionen
im Industriezweig Elektrotechnik/Elektronik." (Barkleit, 2000: 35)

Die von Honecker veranlasste Wende in der Wirtschaftspolitik setzte andere Prioritäten, wie die Erhöhung der Konsumgüterproduktion und die
Forcierung des Wohnungsbaus, so dass die Investitionen im Bereich
Elektrotechnik/Elektronik im Jahre 1974 nur noch 68,4 Prozent des Wer-
tes von 1970 betrugen (vgl. ebenda).

Natürlich ging auch in diesen Jahren die Entwicklung weiter, günstige Voraussetzungen für den Aufbau einer mikroelektronischen Industrie
bestanden Mitte der 1970er Jahre in der DDR aber nicht. Dies sollte sich
erst ab 1976 ändern, als sich mehr und mehr die Erkenntnis durchsetzte,
dass „für die Zukunft der DDR-Industrie der vermehrte Einsatz von Computern lebensnotwendig war, hatte doch die DDR zunehmend Schwierigkeiten im Wettlauf mit dem Westen konkurrenzfähig zu produzieren"
(Lange, 2003). Allerdings ging dieser Erkenntnis, wie schon in den
1950er Jahren, eine ideologische Auseinandersetzung voraus. Führende

Funktionäre forderten eine Abgrenzung von den in den „„imperialistischen Ländern verbreiteten Thesen', dass der Computer ‚automatisch zu gesellschaftlichen Veränderungen' führe" (Barkleit, 2000: 35). Allerdings bewirkte die nachlassende Konkurrenzfähigkeit der Erzeugnisse des Maschinenbaus und der Elektrotechnik einen nachhaltigen Sinneswandel: „Der Startschuss für die Entwicklung der Mikroelektronik war gefallen." (Kirchner, 2000: 26) Auf der 6. Tagung des ZK der SED im Juni 1977 wurde der Beschluss zur „Beschleunigung der Entwicklung, Produktion und Anwendung der Mikroelektronik in der DDR" gefasst, mit welchem die SED den Aufbau elner aularken mikroelektronischen Industrie begann – und damit eine höchst riskante Konzentration von Investitionsmitteln betrieb (vgl. Barkleit, 2000, S. 35).

Mit dieser Entscheidung verband man die Hoffnung auf einen stärkeren Prozess der wirtschaftlichen Intensivierung und einer Monopolstellung im Hochtechnologiesektor innerhalb des Ostblocks. Zum anderen sollten die (wieder konkurrenzfähig gewordenen) Produkte international zu Weltmarktpreisen verkauft werden, um Devisen zu erwirtschaften, die weiter in die Mikroelektronikindustrie investiert werden konnten und mit denen man bessere Handelsbedingungen für Rohstoffe zu erreichen hoffte. Mit der Computerindustrie glaubte man die Schlüsselindustrie gefunden zu haben, welche alle anderen Zweige durchdringen und die Basis ihrer Erholung darstellen konnte (vgl. Maier, 1999: 139). So wurde sie, entsprechend ihrer Funktion als „Kernfrage des Fortschritts", der den Wettstreit der Systeme entscheiden sollte, gefördert (Barkleit, 2000: 7). Bereits im Vorfeld zur 6. Tagung des ZK wurde beschlossen, mehr als 50 Prozent der Investmittel und knapp 50 Prozent der Mittel für Wissenschaft und Technik den drei Schwerpunkten des Industriezweigs Elektrotechnik/Elektronik zukommen zu lassen (vgl. ebenda: 41). Neben der außenpolitischen gab es dabei auch eine innenpolitische Dimension: „Der Honecker'schen These der Einheit von Wirtschafts- und Sozialpolitik Tribut zollend, sollten der Bevölkerung zunehmend neue und moderne elektrotechnische und elektronische Konsumgüter ... angeboten werden." (ebenda: 42) Allerdings betrug der Rückschritt zur Weltspitze zu diesem Zeitpunkt bereits zwischen vier und neun Jahren.

Dies war vor allen Dingen drei problematischen Faktoren geschuldet, vor denen sich die Entwicklung der Computerindustrie in der DDR abspielte: Das CoCom-Embargo des Westens, die Kooperationsverweigerung des Ostens sowie die Diskrepanz zwischen ökonomischer Rationalität und ideologischer Grundsatztreue (vgl. ebenda: 20).

Das 1949 von den USA initiierte CoCom-Embargo verbot den Import von Hochtechnologie in Länder des Ostblocks, was es für die DDR unumgänglich machte, sich das Know-how unter großem Aufwand und meist mit konspirativen Mitteln im Westen zu besorgen. Großen Anteil an diesen illegalen bzw. halblegalen Importen hatte der Bereich Kommerzielle Koordinierung unter Leitung von Alexander Schalk-Golodkowski. Dieser nahm zudem die zentrale Position eines Parteisekretärs ein, wodurch er Zugang zu allen relevanten Informationen hatte, wie er auch enge Kontakte mit der Abteilung Aufklärung pflegte (also zur Division für Wirtschaftsspionage). Unter seiner Leitung nahm das MfS eine gewichtige Rolle bei der Beschaffung von Hochtechnologien ein. Diese Rolle verstärkte sich in Folge der Verschärfung des Embargos Mitte der 1970er Jahre und vor allen Dingen unter Reagan immer mehr, bis ohne die Stasi fast nichts mehr lief (siehe auch Kapitel 4.3.). Diese zeichnete sich auch dafür verantwortlich, dass die DDR 1977 ihren ersten Mikroprozessor vorstellen konnte, den in Erfurt gefertigten U808D, die Kopie eines fünf Jahre alten Intel 8008 und ein vergleichsweise langsamer Chip (vgl. Salomon, 2003: 68).

Ein weiteres Problem bestand in der mangelnden Arbeitsteilung innerhalb des Ostblocks, welche von manchen gar als „Desaster" (Salomon, 2003: 20) wahrgenommen wurde. Da ein Großteil der Hochtechnologieforschung im militärisch-industriellen Kontext und geheimen Institutionen stattfand, hatten die Sowjets einen Hang zur Geheimhaltung. Die Folge war ein Prinzip der Einzelautarkie im Hochtechnologiebereich (vgl. Barkleit, 2000: 29). Zudem kam die DDR zugesagten Lieferverpflichtungen bei Technologien und Bauelementen nicht immer nach, was eine Kooperation erschwerte, wie auch ein Großteil der RGW-Länder (Rat gegenseitiger Wirtschaftshilfe) nicht über das Know-how verfügte, um in den High-Tech-Sektor eingespannt zu werden. In der Folge mussten weiterhin Technologien unter hohem finanziellen und logistischen (respektive konspirativen) Aufwand aus dem nichtsozialistischen Ausland importiert werden.

Erschwerend kamen die bereits angesprochenen systemimmanenten Schwächen hinzu. So erwies sich der feste Zeitabschnitt von fünf Planjahren als zu unflexibel für einen sich so schnell entwickelnden Industriezweig wie die Mikroelektronik. Während sich die Speicherkapazität von Chips im Westen dem Moor'schen Gesetz folgend alle zwei bis zweieinhalb Jahre verdoppelte, sollte der Fünfjahresplan ohne Änderungen des Kosten- oder Preisgefüges für den festgelegten Zeitabschnitt gelten, musste aber letzten Endes dauernd Änderungen unterworfen werden (vgl. Kirchner, 2000: 28).

Trotz aller Schwierigkeiten kam es in Folge des Beschlusses vom Juni 1977 am 1. Januar 1978 zur Gründung des Kombinats Mikroelektronik, in dem verschiedene Produktionsstätten zusammengefasst wurden und welches mehr als 60.000 Mitarbeiter beschäftigte. Hauptsitz des Kombinates war Erfurt. Ihm gehörten unter anderem an: Der VEB Mikroelektronik „Karl-Marx" in Erfurt (der Stammbetrieb), der VEB Halbleiterwerk Frankfurt/Oder, der VEB Zentrum für Forschung und Technologie Dresden (vormals Arbeitsstelle für Molekularelektronik) und der VEB Mikroelektronik „Wilhelm Pieck" Mühlhausen, welcher sich zusammen mit dem Kombinat Robotron bald zu einem der führenden Hersteller von Heimcomputern in der DDR entwickelte. Das Kombinat setzte sich das Ziel, die Produktion von hochintegrierten Schaltkreisen bis zum Jahr 1980 um 500 Prozent zu steigern, was beträchtliche Investitionen bedeutete: „Die staatlichen Vorgaben für den Zeitraum 1977-1979 lagen bei 155,9 Millionen Mark, der Bedarf des Kombinates betrug jedoch 270 Millionen." (Barkleit, 2000: 37) Hinzu kamen 65 Millionen für den Import westlicher Erzeugnisse (vgl. ebenda).

Ebenfalls 1978 erfolgte eine besonders umfangreiche Reorganisation des Kombinates Robotron.

„Mit der Auflösung des Kombinates Zentronik per 31.12.1977 wurden dessen Betriebe (d.h. die gesamte Büromaschinenindustrie der DDR) ab 1. Januar 1978 in das Kombinat Robotron eingegliedert. 1979 wurde auch das Dresdner Kombinat RFT Messelektronik in das Kombinat Robotron überführt." (Kretschmer, 14.03.2010)

Dieses hatte in seinen Spitzenzeiten insgesamt bis zu 70.000 Mitarbeiter. Das Kombinat Carl-Zeiss-Jena nahm unterdessen eine wichtige Rolle für den Sektor Forschung und Entwicklung ein.

Diese Umstrukturierungen gingen, wie das Beispiel Erfurts verdeutlicht, mit erheblichen Investitionen einher. So schätzte die zentrale Plankommission im Mai 1978 in einem Perspektivplan, dass durchschnittliche „jährliche Zuwachsraten in der Warenproduktion ... zwischen 7,4 und 8,4 Prozent für den Zeitraum 1981-1985 und von bis 45 Prozent bei Mikroprozessoren ... mit Investitionen von ca. 500 Millionen Mark für Technologische Spezialausrüstungen möglich werden ... Als unvermeidbar bezeichnete es Schürer [Vorsitzender der staatlichen Plankommission] auch ‚weiterhin in bestimmten Umfang gezielte NSW-Importe' [Nichtsozialistisches Wirtschaftsgebiet] durchzuführen. Dafür plante er 350 bis 380 Millionen ein" (Barkleit, 2000: 46).

So erlebte die DDR gegen Ende der 70er Jahre, dank der Kombination aus hohen Investitionen und des Einsatzes des Bereichs KoKo bzw. des MfS, einen „technologischen Höhenflug" (Salomon, 2003: 39) in der Halbleitertechnologie: „Erzeugnisse, die sonst in mehrjähriger Kleinarbeit in mühseligen technisch-technologischen Analysen der Vorbildtypen nachentwickelt werden mussten, waren nun nach extrem kurzen Entwicklungszeiten verfügbar." (ebenda) 1978 wurde im Kombinat Robotron das modulare Mikrorechner-System K1520 vorgestellt, welches die Grundlage der Mikrorechentechnik der DDR bildete und auf dem Z80-System der kalifornischen Firma Zilog basierte.[35] Dieses stand ebenfalls auf der CoCom-Liste und musste somit für knappe Devisen importiert bzw. konspirativ beschafft werden. Das Z80-System bildete auch die Grundlage des ersten kompletten Mikroprozessor-Systems der DDR, des U880D, welches letzten Endes ein kompletter Nachbau seines westlichen Vorbilds war und 1980 fertiggestellt wurde. Auch wenn das Z80-System zu dieser Zeit noch relativ modern war, es arbeitete auch in westlichen Rechnern, hinkte die Entwicklung dem internationalen Niveau insgesamt um Jahre hinterher.

Im Jahr 1979 beschloss das Politbüro, immer noch von der Hoffnung gelenkt, den internationalen Rückstand zu verringern, eine „langfristige Konzeption zur beschleunigten Entwicklung und Anwendung der Mikroelektronik in der Volkswirtschaft der DDR" (Barkleit, 2000: 23). Infolgedessen wurde Anfang der 1980er Jahre der Ausbau des Stammbetriebes des Kombinats Mikroelektronik Erfurt zum Hauptproduzenten moderner Schaltkreise in der DDR betrieben. Die Kosten dafür sollen sich allein für das erste von vier geplanten Werken auf über 300 Millionen Mark belaufen haben (vgl. ebenda: 73). In Anbetracht dieser Kosten kam es auch zu erster Kritik, da die Mikroelektronik mehr Investitionsmittel verschlang, als die Volkswirtschaft verkraften konnte (vgl. Kirchner, 2000: 28). Ein berechtigter Einwand, führt man sich die wirtschaftliche Gesamtsituation der DDR zu diesem Zeitpunkt vor Augen, der aber von Honecker (und seinem Wunschdenken) ignoriert wurde, so dass die DDR 1982 nahezu zahlungsunfähig war.

Die Kombination aus Förderung der Hochtechnologie und der Einheit von Wirtschafts- und Sozialpolitik trieb die DDR fast in den Ruin; doch ohne sie wäre die erste und einzige Videospielkonsole der DDR undenkbar gewesen. Am BSS01 kommt diese Verbindung geradezu idealtypisch zum Ausdruck: Ein technisch (für die Verhältnisse der DDR) sehr aufwendiges Gerät, welches der Forderung entsprang, die Bevölkerung zunehmend mit modernen elektrotechnischen und elektronischen Konsumgütern zu versorgen.

3.4.   Die erste und einzige Heimkonsole der DDR: Das BSS01

Das BSS01 (Bildschirmspiel 01) wurde 1980 vom Halbleiterwerk Frankfurt (Oder) vorgestellt, seine Entwicklung begann jedoch bereits im Jahre 1977 – und zwar auf Geheiß des Staatssekretärs im Ministerium für Elektronik und Elektrotechnik, Karl Nendel. Peter Salomon, der an der entscheidenden Sitzung beteiligt war, erinnert sich:

> „Es muss bereits etwa 1977 gewesen sein, als ich damals in meiner Eigenschaft als Industriezweigbearbeiter für Konsumgüterelektronik an einer hochkarätigen Beratung im VEB Halbleiterwerk Frankfurt/O (HFO) teilnehmen konnte. Hochkarätig deshalb, weil die Leitung der Beratung durch den stellv. Minister Elektrotechnik-Elektronik (MEE), seines Zeichens Staatssekretär, Karl Nendel

wahrgenommen wurde ... Vor Nendel auf dem Tisch lag eine kleine schwarze Kiste und ein vielbeiniger Schaltkreis daneben. Thema der Beratung war: Die unverzügliche Realisierung von Bildschirmspielen als Konsumgüterproduktion für das Halbleiterwerk Frankfurt/O. Da der Minister selbstpersönlich am Tisch saß, galt das bereits als unumstößliche Aufgabe von ,Partei und Regierung'. Nun muss man dazu wissen, dass entsprechend der Staatsaufgabe ,Alle VEB haben einen gewissen Teil ihrer WP [Warenproduktion] in Konsumgütern zu erbringen' nicht unerhebliche Ressourcen des HFO bereits für Entwicklung und Produktion solcher Erzeugnisse eingesetzt wurden." (Salomon, 14.03.2010)

Da eine Eigenentwicklung, basierend auf den in der DDR vorhandenen Bauelementen, von vornherein wegen des ökonomischen Aufwands verworfen wurde, wandte man sich dem auf dem Tisch liegenden Schaltkreismuster zu. Es handelte sich um den AY-3-8500 von General Instruments, der Chip, der Ende der 1970er im Westen für eine wahre Schwemme an *Pong*-Konsolen gesorgt hatte. Jedoch ging seine massenhafte Verbreitung nicht mit technischer Simplizität einher. Vielmehr war er ein „hochintegrierter ... Schaltkreis, zu dessen Nachentwicklung – eine in der DDR-Halbleiterindustrie mit hoher Perfektion vorhandenen Praxis – jedoch in diesem Fall die technologischen Grundlagen im HFO fehlten" (Salomon, 14.03.2010).[36] So blieb in letzter Konsequenz nur der teure Schmuggel unter Mithilfe der Stasi.

„Der einzige Ausweg war, die Original-Schaltkreise sowohl für den F/E-Bedarf, als auch für den gesamten Produktionsbedarf aus dem NSW zu importieren. Mir schauderte es bei diesem Gedanken, weil gerade wir im AEB [Applikationszentrum Elektronik Berlin] als dem MEE nachgeschaltetes Organ diese Aufgabe hatten, wegen chronischer Devisenknappheit der DDR an NSW-Valuta, solches zu verhindern. Aber wenn es der Minister persönlich verlangt – ein Ministerwort war halt Gesetz. Die dazu notwendigen NSW-Valutamittel wurden aus den Topf für ,Ausgleichsimporte' genommen, die dann dafür natürlich fehlten." (ebenda)[37]

---

[36] Dabei muss bedacht werden, dass es sich bei dem Ende 1974 von Atari entwickelten *Pong*-Chip um den „highest performance-integrated circuit ever used in a consumer product" (Kent, 2001a: 81) handelte, diese Technologie also bis vor kurzem auch für den Westen ,High-Tech' darstellte.

[37] Bei Ausgleichsimporten handelte es sich um „Importe für Bauelemente, die zwar in der DDR hergestellt wurden, aber dessen Aufkommen, aus welchen Grund auch immer, für den dringenden Bedarf der Bauelemente anwendenden Industrie der DDR nicht ausreichte" (Salomon, 14.03.2010).

Aufgrund dieser Probleme wurde das BSS01 „nach einigem Hin und Her" (ebenda) erst 1980 veröffentlicht; zu einem Zeitpunkt also, als sich im Westen das Atari VCS schon längst durchgesetzt hatte. Durch die Verwendung des AY-3-8500 glichen die Spiele ihren westlichen Pendants: Neben dem Original (welches hier *Tennis* hieß) gab es drei *Pong*-Variationen: *Fußball*, *Pelota* und *Squash*. Diese konnten durch das Verändern der Geschwindigkeit des Balls und der Größe der Schläger in ihrer Schwierigkeit variiert werden und wichen nur leicht vom Spielmuster des Originals ab. *Fußball* fügte beispielsweise jeweils einen Strich bzw. ‚Spieler' auf beiden Seiten hinzu. Mit Ausnahme von *Squash*, bei welchem man den Ball gegen eine Wand spielte, waren all diese *Pong*-Varianten auf zwei Spieler ausgerichtet.

Durch die hohen Kosten der Herstellung konnten jedoch „nicht die erforderlichen Stückzahlen hergestellt werden, die für ein rentables ‚Konsumgut' notwendig gewesen wären" (computerspielemuseum.de, 14.03.2010b). So kostete das BSS01 500 Mark, was in etwa einem durchschnittlichen Monatsverdienst entsprach.

> „Der Handel und die DDR-Bevölkerung sah das mit dem Bildschirmspiel ganz anders. Das Ganze wurde schon vom Preis-Leistungsverhältnis her ein Flop und – ein Glück – zu einer Produktionserweiterung der ersten Serie von etwa 1000 Stück, so glaube ich mich noch zu erinnern, kam es dann nicht mehr." (Salomon, 14.03.2010)

So gingen die meisten Exemplare an Jugendfreizeit- und Bildungseinrichtungen und wurden dort für die jugendlichen Besucher offen aufgestellt (vgl. Lange, 12.03.2010). Dies zeigt bereits die Art und Weise, wie das Medium in den DDR-Apparat integriert wurde, ein Aspekt, der in Kapitel 4.6. genauer behandelt wird.

Ein langes Leben war dem BSS01 nicht beschieden, obwohl der Name „auf eine mindestens zweistellige Serie hinzuweisen scheint, gab es nach Aussage des damaligen Projektleiters nur noch ein BSS 02 ... bevor es der Produktion von Radioweckern weichen musste" (ebenda). Zur Art des BSS02 können nur Vermutungen angestellt werden. Eine Möglichkeit besteht darin, dass das BSS01 um eine *Lightgun* hätte erweitert werden sollen, zumal der AY-3-8500 auch für Schießspiele konzipiert war. So findet sich in einem Artikel über das BSS01 in der Zeitschrift rfe ein handschriftlicher Vermerk, der eine Beschreibung des zentralen Chips mit den Worten „Pin 27, 26, 18, 19 vom NSW … für Gewehrspiel vorgesehen" korrigiert (Wiesner, 1980: 512; der Chip besitzt verschiedene ‚Wahlschalter', in dem Artikel wird erklärt, dass Nr. 26 nicht belegt sei. Die handschriftliche Anmerkung ist in dem Exemplar des rfe-Archivs zu finden). Auf diesen Fakt wurde zwei Jahre später in dem ebenfalls in der rfe erschienenen Artikel „Erweiterungen zum Bildschirmspiel 01" noch einmal eingegangen. Auch dieser Artikel zählt die Fähigkeiten des zentralen Chips auf und gibt darüber hinaus eine kurze Bauanleitung für eine *Lightgun* – nicht ohne zu erwähnen, dass die Konstruktion einer solchen ziemlich aufwendig sei (vgl. Schlenzig, 1982: 523). Eine 1986 im Funkamateur erschienene Anleitung widmete sich ebenfalls dem Thema und gleicht dabei inhaltlich mehr oder weniger dem rfe-Artikel von 1982 (vgl. Spielberg, 1986: 38). Die genaueste Bauanleitung für eine Pistole, mit der Punkte auf dem Fernseher abgeschossen werden können, findet sich gleichfalls im Funkamateur. In seinem Aufsatz „Optoelektronisches Jagdspiel" beschreibt Diplom-Ingenieur T. Eschler jeden einzelnen Konstruktionsschritt einer, wie er es nennt, „Optopistole" (Eschler, 1986: 192). Diese hätte sogar unabhängig vom BSS01 genutzt werden können. Aufgrund dieser Artikel kann vermutet werden, dass ein Nachfolger des BSS01 die Schießspielfunktion des AY-3-8500 potentiell unterstützt hätte und gegebenenfalls mit einer *Lightgun* ausgeliefert worden wäre. Das Know-how war vorhanden, aber wie Schlenzig bereits anmerkt, hätte die Realisierung „einigen Aufwand" (Schlenzig, 1982: 523) benötigt. In Verbindung mit den teuren Chip-Importen wäre dieser wohl unverhältnismäßig hoch gewesen, so dass es nie zu einer zweiten Serie kam.

Eine weitere, ebenfalls nicht unwahrscheinliche Vermutung besteht darin, dass der BSS01-Nachfolger in der Lage gewesen sein könnte, Spiele in Farbe darzustellen. Hierfür spricht unter anderem, dass General Instruments diverse Nachfolger des AY-3-8500 veröffentlicht hat, welche farbige Darstellungen erlaubten:

> „GI also released several improved versions of the AY-3-8500: … the AY-3-8510 (4 games in color), the AY-3-8512 (same as AY-3-8500 but in color) … GI

also released special color encoders which transformed black and white pictures into color pictures." (Winter, 14.03.2010)

Bei letzterem Bauelement handelt es sich um den AY-3-8515, der oft in Verbindung mit dem AY-3-8500 verbaut wurde (vgl. ebenda). Zudem konnte er mit dem 1977 entwickelten – und den ersten *Pong*-Chip in vielen Belangen übertreffenden – AY-3-8600[38] gekoppelt werden, was ebenfalls in einem farbigen Bild resultierte. Zwar gab es auch andere Hersteller, die Mitte bis Ende der 1970er Jahre Chips entwickelten, welche farbige Darstellungen ermöglichten; aufgrund der bereits bestehenden Verbindungen zu General Instruments (bzw. zu Händlern, die die Bauelemente besorgen konnten) ist aber davon auszugehen, dass in einer zweiten Baureihe ebenfalls GI-Komponenten eingesetzt worden wären. Natürlich ist auch eine Kombination aus *Lightgun* und Farbe denkbar.

Die dritte und unwahrscheinlichste Möglichkeit besteht in einer kompletten Neuentwicklung. Dass das Wissen für die Herstellung einer neuen, vom BSS01 unabhängigen Konsole vorhanden war, belegt der 1984 in der rfe erschienene Artikel „Realisierung von Bildschirmspielen". Dieser beginnt mit den Worten: „Anfang der siebziger Jahre brachte die US-Firma Atari das erste Bildschirmspiel auf den Markt ... Ein ähnliches Gerät wird auch in der DDR produziert. Die nächste Generation der Bildschirmspiele wurde schon mit Mikroprozessoren ausgerüstet." (Schiller, 1984: 84) Und weiter: „Im folgenden soll nun gezeigt werden, wie mit den in der DDR verfügbaren Bauelementen ein Bildschirmspiel realisiert werden kann." (ebenda) Das beschriebene Bildschirmspiel gruppierte sich um einen U880D-Chip und wurde, wenn man der Wortwahl folgt, anscheinend bereits in Teilen gebaut: „Die Zugriffszeit ist etwas geringer als 400 ns, was aber bei den verwendeten U 202 keine Probleme ergab (...) Steuerknüppel und Tonerzeuger wurden noch realisiert." (ebenda: 85-86) Dass es sich hierbei um den Nachfolger des BSS01 handeln könnte, ist dennoch relativ unwahrscheinlich. So wäre der Bau eines direkten Nachfolgers des BSS01 im Jahr 1980 oder 1981 dadurch er-

---

[38] Dieser war in der Lage, acht *Pong*-Varianten zu spielen: Die vier des ersten *Pong*-Chips plus vier neue, darunter *Basketball* (vgl. Winter, 14.03.2010).

schwert gewesen, dass der zentrale U880D-Chip erst 1980 entwickelt wurde. Dies hätte seine sofortige Verwendung unwahrscheinlich gemacht, zumal im volkswirtschaftlich nicht relevanten Bereich der Bildschirmspiele. Darüber hinaus wäre der finanzielle Aufwand erheblich gewesen, was in Anbetracht des BSS01-Debakels eine Serienfertigung wohl verhindert hätte (oder hat).[39]

Wie auch immer ein Nachfolger des BSS01 ausgesehen haben mag, eines ist sicher: Ralph Baer, der einen Großteil seines Lebens in Gerichtssälen verbracht hat, um das von ihm und seinem Team erfundene Prinzip des Videotennis vor unerlaubten Vervielfältigungen zu schützen, hat noch nie etwas vom BSS01 gehört: „I have never heard of or seen the BSS 01 game system. It certainly never came up during any of the law suits in the US during the seventies and eighties." (Baer, 2004) Im Westen spielten Heimcomputer bei elektronischer Freizeitgestaltung indes eine immer größere Rolle. Der Markt für Videospiele hingegen schien so gut wie tot – bis Nintendo ihn nachhaltig erweckte.

---

[39] Der U880D wurde allerdings zum Spielen eingesetzt – er kam im Poly-Play-Automaten (Kapitel 4.5) zum Einsatz. Zu diesem Zeitpunkt (1986) war seine Produktion bereits gesicherter. So könnte es auch sein, dass der rfe-Artikel das Prototypen-Stadium des Poly-Plays beschreibt und nicht einen potentiellen Nachfolger des BSS01.

4. Vom großen Crash bis zur Milliardenindustrie (West) bzw. vom großen Crash zum weiteren Niedergang (Ost): 1982/83 bis 1989/90

4.1. Geschichte der Computer- und Videospiele von 1983 bis 1990

4.1.1. Heimcomputer

Nach dem Zusammenbruch der Videospielindustrie 1983 verlagerte sich das Geschäft mit den Spielen von Konsolen auf Heimcomputer. „The public's interest in video games seemed to have been replaced by a fascination with home computers." (Kent, 2001a: 252) Dabei gab es Computer für die eigenen vier Wände natürlich schon länger, jedoch spielten sie bis dato keine große Rolle für die Spieleindustrie.

Bereits 1976 veröffentlichte die von Steve Jobs und Steve Wozniak – die zuvor mit *Breakout* dem Spielebusiness erfolgreich ihren Stempel aufgedrückt hatten – gegründete Firma Apple ihren ersten Computer: Den Apple I, welcher sich für damals günstige 666,66 Dollar ca. 200 Mal verkaufte. Abgelöst wurde er von dem 1977 erschienenen Apple II, der als erster ‚richtiger‘ Heimcomputer gelten kann[40] und von vornherein auf Spiele ausgelegt war.

> „Viele der Features wurden eingebaut, weil ich davor Breakout entwickelt hatte … Farben, damit Spiele programmiert werden konnten … Ich ließ einen Ball herumhüpfen und dachte: ‚Das braucht noch Sound‘. Deshalb baute ich einen Lautsprecher ein … Ich musste auch einen Schaltkreis für den Paddle-*Controller* entwickeln … Die Fähigkeiten, die den Apple II so hervorragend machten, kamen alle von einem Spiel‘." (Wozniak zitiert nach Forster, 2004: 11)

Zwar limitierte der Preis von 1.300 Dollar das potentielle Publikum, „trotzdem prägt der Apple II die Industrie der Computer-Spiele" (Forster, 2004: 11). Mit seiner hochauflösenden, definierbaren Grafik war er Inspiration und Sprungbrett für die Spieledesigner der späten 1970er und frühen 1980er Jahre. Auch in Japan sorgte der Apple II für einen Compu-

---

[40] Der Apple I wurde in Einzelteilen geliefert, welche vom Besitzer zusammengebaut werden mussten, der Apple II hingegen kam bereits in einem Gehäuse.

terspiel-Boom (vgl. Forster, 2008: 361). Bis Mitte der 80er Jahre erschien mehr als die Hälfte aller Computerspiele – und oft exklusiv – für den Apple II.

Im Grunde genommen setzte Apple eine ‚Tradition' fort, erschien doch, wie beschrieben, das erste digitale Spiel auf einem Computer. Die Folge von *Spacewar!* war, dass immer mehr Spiele für universitäre Großrechner entstanden. So auch das 1976 von William Crowther geschriebene – und vom Studenten Don Woods vollendete – *Adventure* (auch bekannt als *Colossal Cave Adventure*). *Adventure* nutzte geschickt die Tatsache, dass Computer andere Möglichkeiten boten als Arcade-Automaten. Das Spiel bestand komplett aus Text. Es simulierte eine Höhlenwelt, die der Spieler mit Kommandoeingaben durchstreifen und erforschen konnte.

> „Der Spieler war zuallererst Leser. Satz für Satz musste er sich die Welt von ‚Adventure' … erarbeiten, mit der er über Textbefehle interagierte. ‚Go north' musste er etwa eintippen, oder ‚open door', woraufhin der Computer lange, beschreibende Texte ausgab." (Lischka, 2002: 32)

Die Erkundung der Höhlenwelt dauerte weit länger als ein durchschnittliches Spiel in den Arcades, zugleich war sie spannend. So war es nur konsequent, dass das Spiel eines der ersten Titel für Heimcomputer war, unter anderem auf dem TRS-80 der Firma Tandy Radio Shack, welcher 1977 erstmals für 599 Dollar angeboten wurde und sich allein im ersten Jahr 55.000 Mal verkaufte (vgl. ebenda: 52).

Die Firma, die sich allerdings am meisten um die Verbreitung von Heimcomputern verdient machte, war das amerikanische Unternehmen Commodore. 1954 von dem polnischen Juden und Auschwitz-Überlebendem Jack Tramiel gegründet, begann Commodore als Werkstatt für Schreibmaschinen, um dann in den 60er Jahren Taschenrechner herzustellen. Ab Ende der 70er Jahre, die Firma stand kurz vor dem Konkurs, da die Produktion von Taschenrechnern ein Verlustgeschäft war, entschloss sich Tramiel, Heimcomputer zu bauen (vgl. Wirsig, 2003: 100). Seine Losung: „We need to build computers for the masses, not the classes." (Tramiel zitiert nach Kent, 2001a: 250) Das erste Massenprodukt Commodores wurde der Personal Electronic Transactor, PET, dessen Verkauf 1977 für 800 Dollar begann und welcher trotz seiner geringen Leistung Spiele darstellen konnte. Im Unterschied zu Konsolen konnten die Nutzer das Gerät selbst programmieren und Programme mit Hilfe des eingebauten Kassettenlaufwerks speichern (vgl. Lischka, 2002: 52). Von nun an konnten Spiele auch zu Hause entwickelt werden. Abgelöst wurde der PET 1981 vom VC 20, der zwar schon bei seiner Einführung technisch veraltet, dafür aber konkurrenzlos günstig war. In der Folge war er der erste Heimcomputer, der sich mehr als eine Million Mal verkaufte (vgl. computerspielemuseum.de, 14.03.2010e). „Der VC-20 war von Anfang an für den Heimanwender konzipiert. Neben dem niedrigen Preis zeigte sich dies vor allem an seiner hervorragenden Spielqualität." (ebenda)

Ein weiterer Erfolg in Europa war der Sinclair ZX81. Ab 1981 von dem englischen Erfinder Clive Sinclair vertrieben und nur mit dem Nötigsten an Technik ausgestattet, war auch er vor allen Dingen günstig. „Der Minirechner am untersten Ende der Preisskala ist in Europa ein voller Erfolg und – ohne Farbe, Ton und Joystick – sogar als Spielgerät von Bedeutung." (Forster, 2004: 26) Viele Spieledesigner, vor allen Dingen in England, kamen das erste Mal über den ZX81 mit Computern in Kontakt.

Den endgültigen Durchbruch aber sollte Commodore 1982 mit dem C64 schaffen, dem mit 22 Millionen verkauften Exemplaren erfolgreichsten Heimcomputer aller Zeiten (vgl. Demaria & Wilson, 2004: 108). Mit guter Technik, einem günstigen Preis und leichter Programmierbarkeit erfüllte der C64 alle Wünsche kreativer Spieler und verspielter Designer. Er war der „turning point in the history of home electronics" (Kent, 2001a: 252). „Er sollte sich schnell zum Marktführer der ersten Generation der kompakten Heimcomputer entwickeln, die sich Anfang der 80er Jahre anschickten, den reinen Spielekonsolen das Feld streitig zu machen" (computerspielemuseum.de, 14.03.2010d). Besonders in Europa war er ein durchschlagender Erfolg. Während das Atari-Imperium zusammenbrach, setzte Commodore 1983 mehr als eine Milliarde Dollar um (vgl. Kent, 2001a: 260).

Dieser Erfolg zog an. Die frühen 1980er Jahre sahen den Beginn einer Computerspielindustrie, welche unter anderem von dem günstigen Trägermedium Diskette profitierte, welches wesentlich günstiger herzustellen war als Steckkarten für Konsolen. Einer dieser Hersteller war das 1982 von dem ehemaligen Apple-Angestellten Trip Hawkins gegründete Unternehmen Electronic Arts. Electronic Arts stach aus mehreren Gründen hervor. Zum einen wurden die Programmierer, ähnlich wie bei Activision, wie Popstars behandelt, und ihre Spiele in den Stand von Kunst erhoben. Zum anderen war es der erste Entwickler, der die Namen bekannter Sportler für Spiele lizenzieren ließ und sich intensiv um die Produktästhetik der Spiele kümmerte.

> „Anfang der 80er Jahre wurden Computerspiele noch in durchsichtigen Plastiktüten mit einem Reißverschluss verkauft. Hawkins wollte eine stilvollere Verpackung, etwas Ähnliches wie ein Plattencover mit einem auf das Produkt abgestimmten Design. Die Kartons, in denen sich heute die meisten Spiele befinden, waren seine Idee." (Lischka, 2002: 162)

In Kombination mit guten Spielen, programmiert von kreativen Designern, sollte sich diese Strategie als außerordentlich erfolgreich erweisen.[41] Andere Firmen die sich in diesem Zeitraum etablieren konnten, waren unter anderem Sierra, welches das erste Grafik-Adventure für Heimcomputer herstellte, sowie Origin, das mit seiner Ultima-Serie das Genre der Rollenspiele popularisierte.

Jack Tramiel hingegen konnte den Erfolg nicht lange genießen. Nach einem Streit mit dem Hauptaktionär Commodores, Irvin Gould, musste er 1984 die Firma verlassen. Noch im selben Jahr übernahm er für 240 Millionen Dollar Atari vom Warner-Konzern. Unter seiner Leitung konzentrierte sich Atari vor allen Dingen auf Heimcomputer. Diese wurden von dem Unternehmen zwar bereits seit 1979 angeboten, erreichten aber nie die Bedeutung der Konsolen. 1985 stellte Atari den Atari ST vor, einen günstigen 16-Bit-Heimcomputer[42], der sich aufgrund seiner Technik sehr gut als Spieleplattform eignete und Atari seit Jahren erstmals wieder Gewinne bescherte. Zwar reichten diese bei weitem nicht an jene

---

[41] Bis zur Gründung von Activision-Blizzard im Jahr 2008 war Electronic Arts der größte Entwickler und *Publisher* digitaler Spiele in der westlichen Welt. 2008 betrug der Netto-Umsatz 3,67 Milliarden Dollar (investor.ea.com, 14.03.2010).

[42] Man kann darüber streiten, ob der Motorola 68000 nicht als 32-Bit-Prozessor gelten kann. Der Chip nutzte einen 16-Bit-Datenbus, konnte faktisch jedoch ‚nur' auf 24 Bit Breite Speicher adressieren. Sein Kern aber bot bereits komplett 32-bittige Register.

des „Golden Age" heran, aber das Gerät verkaufte sich immerhin sechs Millionen Mal und hatte auch in Deutschland eine starke Basis (vgl. Forster, 2004: 59).

Der Erfolg wäre womöglich sogar noch größer gewesen, hätte Commodore nicht fast zeitgleich den Amiga veröffentlicht – eine Traummaschine für Spieler, die beinahe bei der Konkurrenz gelandet wäre.

„Zur Konzeption seiner 16-Bit-Computer-Serie investiert Atari 1984 in Amiga, die Firma des Ex-Mitarbeiters Jay Miner. Rauer Verhandlungsstil treibt das Hardware-Team jedoch in die Arme des Mitbewerbers Commodore, der Amiga schluckt und den gleichnamigen Computer ... in die Geschäfte bringt." (ebenda)

Dank mehrerer Spezialchips für Grafik und Sound war der Amiga dem Atari ST audiovisuell überlegen: Trotz des zuerst hohen Preises von 6.000 DM wurde er *die* Computerspielplattform der 1980er Jahre (vgl. computerspielemuseum.de, 14.03.2010a).

Vor allen Dingen in Europa etablierte sich der Amiga und entwickelte eine große Anhängerschaft. Europäische Softwarehäuser, darunter auch deutsche Entwickler wie Faktor 5 oder Blue Byte, entwickelten kommerziell erfolgreiche Titel und reizten die Technik des Amiga voll aus. Selbst in der DDR entwickelte sich eine Szene für westliche Heimcomputer, allerdings waren aufgrund des CoCom-Embargos gute Beziehungen ins westliche Ausland, einschließlich Verwandtenbesuche, Voraussetzung. Ein Ostberliner Spieler erinnert sich:

„Ich ließ mir immer Spiele von meiner Oma mitbringen ... Rentner hatten Reiserecht, und so schickte ich meine Oma regelmäßig ins Kaufhaus in Westberlin, um den Spielenachschub sicher zu stellen." (Till Moepert zitiert nach Mischke, 2005: 60)

Alternativ konnte auch eine gut gefüllte Brieftasche weiterhelfen. So fanden sich ab Mitte der 80er Jahre in der Zeitschrift Funkamateur, dem DDR ‚Zentralorgan' für Elektronik, Anzeigen, in denen ein C64 für mehr als 6.000 Ostmark angeboten wurde (Funkamateur, 2/87: 101-102). Selbst der Minimalstrechner ZX81 brachte noch 2.500 Ostmark. Im Hinblick auf Spiele konzentrierte sich die Szene um die Westcomputer vor allen Dingen auf das Kopieren westlicher Spiele (siehe Kapitel 4.5.).

Heimcomputer konnten sich bis Anfang der 1990er Jahre behaupten – bis sie vom PC verdrängt wurden. Zwar stellte IBM seinen ersten Computer bereits 1981 vor, doch waren die Rechner im Vergleich zu Apple oder Atari weniger leistungsstark, dafür aber teurer. Jedoch vertrat IBM eine sehr lockere Politik gegenüber Nachbauten, so dass sich der PC mehr und mehr zum Quasistandard erheben konnte (vgl. Lischka, 2002: 54).

„Das einzige proprietäre Element an IBMs PC war das so genannte BIOS, das ‚basic input output system', welches beim Start eines Computers die Hardware testet und das Betriebssystem zum Laufen bringt. Der Code des IBM-BIOS war nicht öffentlich, bis 1981 einige Techniker bei Compaq die einzelnen Schritte des Programms verfolgten und dann einfach ein eigenes BIOS schrieben, das exakt dasselbe tat ... Der PC war leicht zu kopieren. Und genau das taten prompt unzählige Firmen." (ebenda)

Die Folge waren billigere Nachbauten des Originals, so genannte „IBM-kompatible" Rechner, welche sich gegenüber dem IBM-PC durchsetzten. Parallel zu diesem Trend entwickelte sich natürlich auch die anfangs eingeschränkte Technik des PCs weiter. Konnte er anfangs nur vier Farben darstellen, waren es Ende der 1980er Jahre bereits 256. Zur selben Zeit setzten sich langsam so genannte Soundkarten durch, welche die Audioqualität gegenüber den simplen Mono-Lautsprechern erheblich verbesserten.[43]

„Erst Ende der 80er Jahre schließt die Plattform mit 286er und 386er-CPU, EGA- und VGA-Grafik zum Amiga sowie Atari ST auf und wird auch in Europa als dritte Spielemacht akzeptiert. Nicht die Computer-Spiel-Nation England, sondern Deutschland wird zum stärksten europäischen Markt für die DOS-Boliden, auf denen erstklassige 3D-Simulationen, Rollen- und Abenteuerspiele laufen." (Forster, 2004: 57)

Derweil teilten Atari ST und der Amiga Anfang der 1990er Jahre ein gemeinsames Schicksal: Sie gingen unter. Sowohl Atari als auch Commodore versäumten es, ihre Erfolgsmodelle weiterzuentwickeln (vgl. computerspielemuseum.de, 14.03.2010a).

---

[43] Zum Vergleich: Der 1985 eingeführte Amiga war in der Lage, bis zu 4.096 Farben gleichzeitig darzustellen, während sein Vierkanal-Sound fast CD-Qualität erreichte (vgl. Wirsig, 2003: 22).

Während sich der Computerspielmarkt nach dem Crash von 1983 immer weiter etablierte, erfuhr auch die Videospielindustrie ab Mitte der 80er Jahre eine Revitalisierung. Dies ist vor allen Dingen dem japanischen Unternehmen Nintendo zu verdanken.

4.1.2. The Japanese Invasion

Ataris verfehlte Firmenpolitik riss 1983 in den USA eine ganze Industrie in den Abgrund, international waren die Auswirkungen des Crashs jedoch weniger dramatisch. So beschloss man bei Nintendo, wo man bereits mit *Donkey Kong* einen ersten Erfolg verbuchen konnte, eine Konsole der ,nächsten Generation' zu bauen. Bei einem günstigeren Preis sollte sie die Wettbewerber in allen Belangen überragen. Das Ergebnis war der schnörkellose Family Computer, oder kurz Famicom, der der Konkurrenz audiovisuell überlegen war und mit diversen Innovationen aufwarten konnte. Die wichtigste waren die eleganten, dabei einfachen und funktionalen *Controller*, welche erstmals ein Steuerkreuz beinhalteten. Im Gegensatz zu ihren überfrachteten amerikanischen Pendants kamen sie mit nur zwei Knöpfen aus und lagen dazu sehr gut in der Hand.

„Im Juli 1983 veröffentlicht, ist das Famicom zur rechten Zeit am rechten Ort – 500.000 japanische Spieler holen sich die Konsole in den ersten zwei Monaten, 1985 sind in Japan zehn Millionen Geräte verkauft. Die alte Konsolen-Generation wird einfach weggeschwemmt, Konsolen von Takara, Tomy, Epoch, Bandai und Casio sind binnen weniger Wochen aus den Regalen verschwunden." (Forster, 2004: 49)

Ermuntert von diesem überwältigenden Erfolg, beschloss Nintendo die Konsole auch in den USA zu vermarkten. Nur: „As far as retailers and software makers were concerned, the U.S. video game industry was dead." (Kent, 2001a: 280) Um einen Partner mit einem ausgeprägten Distributionsnetzwerk zu gewinnen, und in dem festen Glauben, dass der Famicom aufgrund seiner technischen Qualitäten auch auf dem krisengeschüttelten US-Markt Erfolg haben würde, verhandelte Nintendo anfangs sogar mit Atari über eine Kooperation. Doch obwohl die Bedingungen für Atari äußerst vorteilhaft gewesen wären, kam es nie zu einem

Vertragsabschluss.[44] So entschloss man sich, das NES (Nintendo Entertainment System), wie das Gerät in den USA und Europa heißen sollte[45],
selbst zu vertreiben – trotz aller kritischen Stimmen und der äußersten
Zurückhaltung des Handels, der nach dem Crash nichts mehr mit Videospielen zu tun haben wollte. „Nobody thought that Nintendo had much of
a chance, and they all kind of laughed at what Nintendo was doing."
(Greg Fischbach zitiert nach Kent, 2001a: 285) „The reaction, as I recall,
was that anybody who would get into the video game business was
nuts." (Howard Lincoln zitiert nach Kent, 2001a: 287) Dennoch: Das NES
war in Japan ein Riesenerfolg, dieser sollte auch in den USA zu wieder-
holen sein. Und genau so kam es.

> „Nintendo began marketing the Nintendo Entertainment System (NES) in 1985
> with a single sales territory – New York City – and 100,000 game consoles. By
> the following Christmas, the NES could be found in stores coast to coast and in
> 1,9 million homes." (Kent, 2001a: 346)

Erheblichen Anteil an diesem Erfolg hatten die exzellenten Spiele, ganz
besonders das von dem *Donkey-Kong*-Erfinder Shigeru Miyamoto entwickelte *Super Mario Bros.*

> „*Super Mario Bros.* took Mario out of his single-screen setting and placed him in
> a huge, vivid world. Instead of simply climbing ladders and moving around on
> platforms, players now controlled him as he ran through a seemingly endless,
> brightly colored countryside filled with caverns, castles, and giant mushrooms.
> The landscape was much to expansive to fit on a screen. In this new game, the
> camera followed Mario as he ran forward through his two-dimensional world …
> This product defined the difference between games for the old Atari systems
> and games that could be played on Nintendo cartridges." (Kent, 2001a: 299,
> 300)

Auch in der Folgezeit entwarf Miyamoto weitere erfolgreiche Titel, welche zu Klassikern des Mediums wurden, beispielsweise das Rollenspiel

---

[44] Die Gründe dafür lagen laut Kent in einem „three-day struggle over prices and ro-
yalities" (Kent, 2001a: 283). Zudem mussten die amerikanischen Nintendo-
Vertreter in fast jeder Sitzung mit anderen Atari-Managern verhandeln, da sich in
der Zeit der Krise das Personalkarussell sehr schnell drehte (vgl. Demaria & Wilson, 2004: 231). Später bezeichnete der Vorsitzende von Nintendo of America,
Minoru Arakawa, den geplatzten Vertrag als das Beste, was Nintendo hätte passieren können (ebenda: 232).

[45] Der Name wurde gewählt, weil er nicht gleich auf Videospiele verwies.

The Legend of Zelda[46]. Zusammen mit *Mario* wurde *Zelda* die erfolgreichste und spielerisch beste Videospielserie Nintendos (vgl. Forster, 2008: 217).

Überhaupt legte das Unternehmen großen Wert auf die Qualität der Spiele, denn wenn man etwas aus dem Niedergang Ataris gelernt hatte, dann dass schlechte Software verheerende Auswirkungen haben kann. Wie Minoru Arakawa, Vorsitzender von Nintendo of America, es ausdrückte: „The players were not tired of games. They were just tired of average games." (Arakawa zitiert nach Demaria & Wilson, 2004: 232) Entsprechend beeindruckend waren die NES-Titel. „Nintendo's impressive graphics, speed, and game control quickly developed an avid following." (Kent, 2001b: 46) Noch beeindruckender aber waren die strengen Lizenzbedingungen. Wenn ein Unternehmen Spiele für das NES veröffentlichen wollte, musste ein Abkommen geschlossen werden, welches mancher Entwickler als Knebelvertrag empfand. „Statt die Entwicklung neuer NES-Spiele freizugeben, arbeitete Nintendo nur mit Lizenznehmern zusammen, deren Spiele Nintendo prüft, produziert und an die Third Parties zurückverkauft." (Forster, 2008: 231) Nintendo durfte nicht nur weit in die Gestaltung der Spiele eingreifen, sondern kassierte auch 15 bis 17 Dollar pro verkaufter Steckkarte. Zudem durften nur fünf Titel pro Jahr veröffentlicht werden und die Spiele durften zwei Jahre exklusiv nur auf dem NES erscheinen (vgl. Lischka, 2002: 61). Zwar strengten Softwarefirmen aufgrund dieser Bedingungen sogar Klagen an, aus der Sicht Nintendos aber wurde so die Qualität[47] verbessert.

Der Erfolg gab dem japanischen Unternehmen Recht. Unter Nintendo wurde das Geschäft mit den Heimkonsolen profitabel wie nie zu-

---

[46] Miyamoto hatte erkannt, was Heimkonsolen ausmacht: „Bei einer Konsole wie dem Famicom kommt es nicht mehr darauf an, wie viele Münzen Leute hineinwerfen. Ein Spiel für eine Heimkonsole kann nur als Erfolg gelten, wenn die Menschen nach zwanzig oder dreißig Stunden Spiel immer noch Befriedigung verspüren." (Miyamoto zitiert nach Lischka, 2002: 59)

[47] Letzten Endes war es eine Situation von der (fast) alle profitierten. Howard Lincoln, ehemaliger Vorstandsvorsitzender von Nintendo of America formuliert es so: „Es gibt viele Mythen darüber, wie arrogant Nintendo ist, welch restriktive Lizenzpolitik wir haben und so weiter. Aus unserer Sicht aber machten diese Leute eine Menge Geld." (Howard Lincoln zitiert nach Lischka, 2002: 61)

vor. Das NES verkaufte sich bis Mitte der 1990er Jahre weltweit mehr als 60 Millionen Mal (vgl. Forster, 2004: 48), und Nintendo wurde dank des weltweiten Erfolges quasi zum Monopolisten, ja praktisch zum Synonym für Videospiele überhaupt. Der Marktanteil in den USA betrug 1986 bereits 90 Prozent; zwei Jahre später verkaufte Nintendo Waren im Wert von 1,7 Milliarden Dollar. Allein in einem Jahr (1990) wechselten 7,6 Millionen NES den Besitzer. Der dritte Teil von *Super Mario Bros.* erwirtschaftete in Japan und den USA einen Umsatz von ca. 500 Millionen Dollar, während in der amerikanischen Urlaubssaison die Lieferungen hinter der riesigen Nachfrage hinterherhinkten (vgl. Lischka, 2002: 59; Kent, 2001a: 346-347, 364). Zusätzlichen Auftrieb erhielt Nintendo durch die Veröffentlichung des Game Boy im Jahr 1989. Dieser verkaufte sich vor allen Dingen dank des beiliegenden Spiels sensationell: Bis zu seiner Einstellung im Jahre 2001 wurden mehr als 120 Millionen Stück produziert.

„Jedem Game Boy liegt ein Tetris-Modul und ein Zweispieler-Linkkabel bei – Killer-Applikationen für die Spielszene der 90er Jahre, die Konkurrenz hat keine Chance. Während die Batterie-fressenden, unhandlichen Konkurrenten sich nur schleppend verkaufen, reist der Game Boy rund um den Globus und wird zum Synonym der Marktführerschaft Nintendos." (Forster, 2004: 73)

Diese Marktführerschaft blieb natürlich nicht unangegriffen. Besonders das 1952 von zwei Amerikanern in Japan gegründete Unternehmen Sega entwickelte sich zu Nintendos ärgstem Konkurrenten. Ähnlich wie Nintendo konnte auch Sega erste Erfahrungen im Videospielgeschäft mit Arcade-Automaten sammeln. Als die Gewinne in der Branche nachließen, das NES aber sensationelle Erfolge feierte, beschloss man, die Master-System-Konsole zu veröffentlichen. Technisch dem NES mindestens ebenbürtig, wurde sie ab 1986 auf den westlichen Märkten angeboten. Das Gerät konnte zwar in Europa, vor allen Dingen in England, einige Achtungserfolge erzielen, kam aber auf dem wichtigen amerikanischen Markt nie über einen Marktanteil von 10 Prozent hinaus. Hier hatte Nintendo die entscheidenden Vorteile: Das Marketing war stärker, die Distributionskanäle besser, noch dazu hatte Nintendo es geschafft, dank solcher Maskottchen wie *Mario* eine eigene Identität zu etablieren. Der größte Vorteil aber war die Auswahl an Spielen. Das NES konnte mit exzellenten, von Nintendo oft selbst produzierten Titeln aufwarten und profitierte von den exklusiven Partnerschaften mit etablierten Softwareherstellern (vgl. Kent, 2001a: 305-306).

So musste Sega nach anderen Wegen suchen, um gegen die etablierte „Nintendo culture" anzukommen. Ein erster Schritt war die Entwicklung einer neuen Konsole – zu einem Zeitpunkt, an dem Nintendo bereits erste Zeichen von Trägheit erkennen ließ:

> „Noch 1989 blockierte das Unternehmen jede technische Innovation mit dem Argument, die Möglichkeiten der 8-Bit-Konsole seien noch längst nicht ausgereizt. Damals war das NES fast schon fünf Jahre alt – Nintendo sah jedoch keinen Grund, eine 16-Bit-Konsole zu entwickeln." (Lischka, 2002: 60)

Diese Aufgabe nun übernahm Sega und präsentierte der Öffentlichkeit 1988 den Mega Drive (oder Genesis, wie die Konsole in den USA hieß).

> „Sega's new System, called the Mega Drive, featured an impressive array of hardware. It was built around the 16-bit Motorola 68000 processing chip, the same chip that Apple used to power the Macintosh computer. The chip could process twice as much data per cycle as the chip Nintendo used in the Famicom. The Mega Drive had a 512-color palette and could display as many as 64 colors on screen at any one time, compared to the NES's 52-color palette. The Mega Drive even had a separate 8-bit processor for sound. All of that power translated into games with larger and more detailed characters, more complex graphics, faster action, and a game console that could compete with coin-operated game machines in the arcades." (Kent, 2001a: 401)

Ab 1989 wurde die Mega-Drive-Konsole in den USA verkauft.[48] Die Einführung neuer Technologie war jedoch nur der erste Schritt, um Nintendos Marktherrschaft zu brechen. Wichtiger als technische Details „war Segas neue Produktphilosophie" (Lischka, 2002: 62): Sega kündigte den moralischen Konsens auf und veröffentlichte Spiele, die, im Unterschied zu Nintendo-Software, nicht auch von Achtjährigen gespielt werden konnten – bzw. sollten. Brutalere Inhalte richteten sich an ein erwachseneres Publikum. „Sega does what Nintendon't" war das Motto, welches es letzten Endes schaffte, gegen die „Nintendo culture" anzukommen und Anfang der 1990er Jahre für einen harten Wettbewerb sorgte.

---

[48] Auch hier scheiterten Verhandlungen über eine Partnerschaft mit Atari und auch hier wurde das neue Produkt als erstes in New York verkauft.

Nintendo revitalisierte den brachliegenden Videospielmarkt nachhaltig und lieferte sich mit Sega eine Schlacht um Marktanteile; Computer wurden, vor allen Dingen in Europa, als Spieleplattform immer beliebter – doch nicht nur im Westen wuchs die Branche. Auch in der DDR entwickelte sich in den 1980er Jahren eine Szene für digitale Spiele. Gleichzeitig steuerte das Regime aufgrund der immensen Investitionen in die international nicht konkurrenzfähige technologische Basis dieser Spiele seinem weiteren Niedergang entgegen. Honeckers unveränderte Einheit von Wirtschafts- und Sozialpolitik und eine neue Außenhandelsstrategie belasteten die Wirtschaftslage zusätzlich. So kamen die Spiele, der Staat jedoch verschwand.

4.2. Wirtschaftsgeschichte der DDR von 1982 bis 1989: Fortgesetzter Niedergang

Die Jahre 1982 bis 1989 waren eine „Phase des fortgesetzten wirtschaftlichen Niedergangs" (Steiner, 2004: 197) und der Lethargie (vgl. Barkleit, 2000: 8). Zwar konnte die Schuldenkrise zu Beginn der 1980er Jahre durch die Hilfe der Bundesrepublik abgefedert werden, dennoch stellte sich die wirtschaftliche Gesamtsituation als unvorteilhaft dar. Die Verbindlichkeiten in der westlichen Welt wurden zwar abgebaut, dies geschah jedoch auf Kosten der wirtschaftlichen Substanz, da an Honeckers Konsum- und Sozialprogramm, trotz der veränderten weltwirtschaftlichen Rahmenbedingungen, festgehalten wurde (mit entsprechenden Folgen für die Investitionen). Darüber hinaus wurde versucht, dem negativen Außenhandelssaldo durch rigorose Einschränkung der Importe wie auch durch eine bis dahin in der DDR nicht gekannte Exportstrategie beizukommen:

„Während die Hauptexportgüter der DDR, Maschinen und Ausrüstungen, oft gegen Ziel verkauft wurden, also nicht sofort Devisen brachten, mussten importierte Rohstoffe und Energieträger sofort bezahlt werden. Die DDR begann deshalb alles zu exportieren, was irgendwo abgenommen wurde. Fragen des Verhältnisses von innerem Aufwand zu eingebrachten Devisen spielten zunehmend keine Rolle mehr ... Die Exportstrategie der 80er Jahre ging bei absolut rückläufigen für die innere Verwendung zur Verfügung stehenden Mitteln, voll zu Lasten der Investitionen. Die Auswirkungen dieser Entscheidungen werden die ostdeutsche Wirtschaft noch viele Jahre belasten." (Hein, Hoeppner & Stapel, 1992: 30)

Auch die Bevölkerung bekam die Konsequenzen der verfehlten Politik zu spüren. Zwar wurde die Grundversorgung durch Milliardensubventionen im Rahmen der Einheit von Wirtschafts- und Sozialpolitik gedeckt (wozu sich das System immer mehr beim Kreditsystem verschuldete); diese jedoch gingen mit hohen produktbezogenen Abgaben für höherwertige Konsumgüter einher. Darunter fiel beispielsweise technisches Gerät, also auch Computer. Zudem verknappten sich diese Güter aufgrund der rigorosen Außenhandels- und Investitionspolitik immer mehr, so dass die wachsenden Ansprüche einer nachwachsenden Generation, welche sich diesbezüglich am Westen orientierte, nicht mehr befriedigt werden konnten – die „Bindekraft des Tauschhandels politische Ruhe gegen Wohlstandsversprechen ließ nach" (Steiner, 2004: 197).

Unterdessen vertiefte sich die Kluft zwischen den vorgegebenen Plänen und der ökonomischen Realität immer mehr; dieser Umstand offenbarte sich in Korrekturen nach unten und (Selbst)betrug (vgl. ebenda: 205). Die SED-Spitze jedoch sah keinen Grund zu handeln bzw. war in ideologische Grenzen gezwängt. Zwar erlebten einige Elemente, die bereits in der Wirtschaftsreform unter Ulbricht zur Diskussion oder Anwendung gelangt waren, nun eine Renaissance. Da aber der Gesamtcharakter des Systems nicht geändert wurde, konnten diese keinen durchgreifenden Effekt entfalten. Nach den Erfahrungen der 1960er Jahre war ein „Aufschwung wohl nur durch eine konsequente Flexibilisierung der Systemsteuerung, durch den weitgehenden Rückzug des Staates und der Zentrale zu erreichen. Doch das lag jenseits dessen, was die SED-Spitze im Interesse ihres eigenen Machterhalts zulassen konnte, denn es hätte das Gesamtsystem aufgehoben" (ebenda: 206). Die SED war bestrebt, die Zeit anzuhalten, denn jeder Versuch zur Veränderung des Systems bedeutete zugleich die Infragestellung der zentralisierten Einheitsgesellschaft und damit der bestehenden Herrschaftsverhältnisse (vgl. Ihme-Tuchel, 2002: 81). Die Folge war, dass sich die Produktivität immer mehr verschlechterte; zum Ende der DDR lag sie zwei Drittel hinter jener der Bundesrepublik zurück (vgl. Steiner, 2004: 206).

Bei zurückgehenden Wachstumsraten standen zunehmend drei Bereiche in Konkurrenz um Ressourcen: die Ausgaben für die Beibehaltung des Lebensstandards, die zunehmenden Leistungen für den Schuldendienst im westlichen Ausland (bei gleichzeitigem Versuch, den Schuldenstand zu senken) und die Steigerungen der Investitionen. Letztere kamen vor allen Dingen dem Mikroelektronikprogramm zugute, welches als zukunftsträchtige Technologie gezielt gefördert wurde. So sollen etwa vier Milliarden Valutamark allein für Westimporte eingesetzt worden sein (vgl. ebenda: 209). Weitere 14 Milliarden Mark sollen allein zwischen 1986 und 1989 in die drei Mikroelektronik-Kombinate geflossen sein, während nochmals 14 Milliarden in der Forschung eingesetzt wurden.[49] Ein weiteres Problem bestand darin, dass die Investitionen in die Mikroelektronik Mittel banden, die an anderer Stelle dringend benötigt wurden, war doch ein Großteil der Anlagen in den Betrieben veraltet bzw. reparaturbedürftig.

„Gegen Ende der 80er Jahre machten die Reparaturen mehr als die Hälfte der Gesamtaufwendungen für die Reproduktion des Kapitalstocks aus. Dieser Ersatz von Investitionen durch Reparaturen ... war letztendlich nichts als teure Flickschusterei ... Schließlich wurden die Anlagen durch häufige Reparaturen bestenfalls am Leben erhalten, hinkten aber dem internationalen technischen Niveau unaufholbar hinterher." (Hein, Hoeppner & Stapel, 1992: 31)

Auf den Vorschlag, die astronomischen Mittel für die Mikroelektronik für andere Bereiche einzusetzen, sowie den Staatsverbrauch einschließlich des sozialpolitisch motivierten Teils zu kürzen, reagierte Honecker verhalten (vgl. Steiner, 2004: 222). Er betrachtete den Ausbau moderner Technologie nach wie vor als „strategische Aufgabe ersten Ranges" und sah in diesen Vorschlägen einen Angriff auf die beschleunigte Entwicklung der Mikroelektronik, die von ihm forcierte Einheit von Wirtschafts- und Sozialpolitik und damit letzten Endes auf seine Person.

---

[49] Mit diesen Zahlen sollte man vorsichtig umgehen. „Über die investierten Beträge, die von der DDR für die Forschung, Entwicklung und Produktion der Mikroelektronik ausgegeben wurden, fehlen konkrete, exakt nachprüfbare Zahlen ... der Gesamtaufwand müsste in Mark der DDR deutlich darüber gewesen sein und könnte bei rund 30 Milliarden Mark und höher gelegen haben." (Kirchner, 2000: 31)

„Honecker, der sich die fachlichen Argumente hier immer von seinem Wirtschaftssekretär und Vertrautem Günter Mittag zutragen ließ und vermutlich recht wenig von der Materie verstand, war der Meinung, dass die DDR auf diesem Gebiet aus eigener Kraft die führenden Industriemächte eingeholt und die anderen sozialistischen Bruderländer weit überholt hätte." (Kirchner, 2000: 31)

In der Folge verschärfte sich der Schuldenkreislauf weiter.

„Die wirtschaftliche Situation der DDR, das tagtägliche Erleben der Widersprüche zwischen hohlen Phrasen der Staatsführung und der Realität, führten gegon Ende der 1980er Jahre dazu, dass eine bis dahin unbekannte Unzufriedenheit in der Bevölkerung aufkam." (Hein, Hoeppner & Stapel, 1992: 32)

Einer der Gründe für diesen Dissens war, dass das System trotz enormer Investitionen in die Mikroelektronik nicht in der Lage war, sich an neue technische und gesellschaftliche Herausforderungen anzupassen und sich nicht aus sich selbst heraus erneuern konnte. „Als Konsequenz dieser Entwicklung kam es zu wirtschaftlicher Stagnation, wissenschaftlicher Ineffizienz, politischer Uniformität und kultureller Reduktion." (Ihme-Tuchel, 2002: 80-81) In Kombination mit dem Bestreben der DDR-Führung, die Zeit anzuhalten, bedingte dies eine strukturelle Innovationsunfähigkeit, die sich wiederum für den Untergang der DDR verantwortlich zeichnete. Das „diktatorische Zentralplanungssystem" scheiterte spätestens, als das angestrebte Weltniveau durch das „postindustrielle Dienstleistungsniveau" definiert wurde (ebenda). Hinzu kam das grundsätzliche Problem, dass der Lenkungsmechanismus der zentralen Planung mangelnde Anreizstrukturen zu Innovationen bot und die Systemgrenzen somit verstärkte (vgl. Steiner, 2004: 226). Auch war die Einheit von Wirtschafts- und Sozialpolitik nach wie vor unbezahlbar.

So schienen die Entwicklungspotentiale des Systems in den 80er Jahren aufgebraucht. Die DDR hatte jahrelang über ihre Verhältnisse gelebt und ihren Bürgern einen Sozialstaat vorgegaukelt, den sie zu keinem Zeitpunkt finanzieren konnte, was mit entsprechender innerer und äußerer Verschuldung einherging. Die Unfähigkeit, den wachsenden Konsumansprüchen der Bevölkerung gerecht zu werden, der ‚Gorbatschow-Effekt‘, der auch das politische Bewusstsein breiterer Kreise der DDR wachrüttelte (vgl. Hein, Hoeppner & Stapel, 1992: 32), sowie eine „Kumulation politischer Fehlentscheidungen begünstigte im Laufe des Jahres 1989 das Anschwellen der Massenausreise, Flucht und Protest" (Steiner, 2004: 198). All dies mündete in den Ereignissen des Herbstes 1989 und dem Fall der Mauer.

Wie beschrieben, wurde in den letzten Jahren des Regimes enorm in die Mikroelektronik investiert – ironischerweise sind diese Investitionen zwar mitverantwortlich für den Untergang des Systems, jedoch hätte sich ohne sie in den 1980er Jahren kaum eine Computerspielszene in der DDR etablieren können.

4.3. Geschichte der Mikroelektronikindustrie der DDR von 1982 bis 1989: Das Milliardengrab

„Die 80er Jahre waren ... von einem starken Wachstum aller Aktivitäten in diesem Bereich gekennzeichnet." (Kirchner, 2000: 28) Die politische Führung bemühte sich, die Rahmenbedingungen zu verbessern „und setzte Mittel in volkswirtschaftlich kaum zu verantwortender Höhe ein" (Barkleit, 2000: 25).

Verantwortlich hierfür zeichnete sich vor allen Dingen das unter Reagan verschärfte CoCom-Embargo, was zu einer stärkeren Rolle des MfS beim aufwendigen und teuren Schmuggeln westlicher Technologie führte. In den 80er Jahren „lief zumindest in der Hochtechnologie nichts mehr ohne die [Stasi]" (ebenda, 2000: 11). Problematisch dabei war, dass teilweise extrem große und mehrere Tonnen schwere Güter konspirativ beschafft werden mussten. Ihre Inbetriebnahme war ohne Hilfe des Herstellers kaum zu bewerkstelligen, und sie besaßen darüber hinaus keine Garantie. Bedenkt man, dass 1987 für den gesamten Mikroelektronik-Produktionsprozess 70 Prozent westliche Geräte benötigt wurden (vgl. Kirchner, 2000: 30), wurde dies mehr und mehr zu einem Problem. So sollen sich die illegalen Importe für die Kombinate in Erfurt und Jena allein 1987 auf ca. 400 Millionen Valutamark belaufen haben (vgl. ebenda: 137), während der gesamte Aufwand ca. vier Milliarden Valutamark betragen haben soll (vgl. Steiner, 2004: 209). Erschwerend kam hinzu, dass die neue Außenhandelspolitik der gedrosselten Importe den Widerspruch zwischen der unzureichenden Bereitstellung von Bauelementen aus der eigenen Produktion und den steigenden Bedürfnissen der Betriebe noch verstärkte. Währenddessen verschlechterte sich die ohnehin schon ungenügende Arbeitsteilung im RGW-Sektor durch das gestörte Verhältnis zur UdSSR.[50]

Allerdings konnte die Mikroelektronikindustrie – im Rahmen ihrer Möglichkeiten – auch Erfolge vorweisen. Seit Jahren herrschte „eine große Nachfrage nach solchen Erzeugnissen wie dem legendären ZX81 und später dem Nachfolger ZX Spektrum, die auf Mitbringsel bei Verwandten zurückzuführen war" (Salomon, 2003: 95). So wurden, getreu dem Parteiauftrag, die Bevölkerung besser mit technischen Konsumgütern zu versorgen, 1984 die ersten Modelle der KC-Serie (Kleincomputer-Serie) vorgestellt: Die ersten Heimcomputer der DDR und *die* Plattformen für Computerspiele.

Der VEB Messelektronik „Otto Schön" Dresden, dem Kombinat Robotron zugehörig, entwickelte den Kleincomputer Z9001, der später unter der Bezeichnung KC85/1 ausgeliefert wurde. Herzstück war der U880D-Prozessor mit 1,8 MHz Taktfrequenz, der Speicher betrug 16 kByte und Daten konnten mit Hilfe eines Kassettenrekorders abgespeichert werden (vgl. robotrontechnik.de, 14.03.2010a). Angeschlossen wurde das Gerät an einen normalen Fernseher, wobei es meist nur mit einer Schwarz-Weiß-Bildschirm-Ausgabe ausgeliefert wurde, gegen einen Aufpreis von 390 Mark war aber auch eine farbige Ausgabe möglich (vgl. ebenda). 1986 wurde der Nachfolger KC87 vorgestellt. Gegenüber seinem Vorgänger wies er einen größeren Speicher und eine höhere Taktrate auf. Zwar konnten sowohl am KC85/1 als auch am KC87 (ebenfalls von Robotron entwickelte) *Joysticks* angeschlossen werden, aber aufgrund beschränkter Grafikfähigkeiten eignete sich das Gerät nicht sonderlich gut zum Spielen bzw. zum Spiele programmieren.

Diesen Zweck erfüllte der vom VEB Mikroelektronik entwickelte und ebenfalls 1984 vorgestellte KC85/2 besser. Interessanterweise stellte der KC85/2 ein direktes Konkurrenzprodukt zum gleichzeitig entwi-

---

[50] Die Gründe hierfür sind nicht genau bekannt (vgl. Kirchner, 2000: 16). Ursachen waren womöglich Produktionsprobleme innerhalb der UdSSR bei gleichzeitigem höheren Eigenbedarf im militärisch-industriellen Sektor; möglicherweise lag aber auch bereits eine gewisse politische Zurückhaltung durch das gestörte Verhältnis zwischen Honecker und Gorbatschow vor (ebenda).

ckelten KC85/1 dar – ein Vorgang, wie er in einer sozialistischen Planwirtschaft eigentlich undenkbar ist. Entsprechend kam es zu Erklärungs-
nöten auf allen hierarchischen Ebenen bis hin zum Politbüro (vgl. Salomon, 2003: 90).[51] Wie der Robotron-Rechner besaß auch der KC85/2
einen U880D als zentralen Prozessor, konnte aber mit besseren grafi-
schen Fähigkeiten aufwarten: Vollgrafik mit 320x256 Punkten bei 16
Vordergrundfarben und 8 Hintergrundfarben (vgl. robotrontechnik.de,
14.03.2010b). Dies wirkte sich entsprechend positiv auf Spiele aus:

> „Die KC-Baureihe aus Mühlhausen ist die eigentliche Erfolgslinie der DDR.
> Auch wenn sie – wie der KC87 aus Dresden – um den Z80-Nachbau-Chip
> U880D gestrickt war, unterschied sie sich doch in vielerlei Punkten von diesem.
> Neben der besseren Tastatur, hebt sie sich vor allem durch die von vornherein
> geplante Technologie eines ausbaufähigen Modulsystems selbst von ihren
> westlichen Kollegen ab. Da der Mühlhausener KC über eine passable Graphik-
> und Sound-Leistung verfügte, wurden recht schnell auch viele Spiele von Hob-
> by-Programmierern   für   ihn   entwickelt." (computerspielemuseum.de,
> 14.03.2010h)

Dies galt auch für den Nachfolger, den KC85/3. Dieser „kam 1986 in den
Handel und unterschied sich von seinem Vorgänger darin, dass die Pro-
grammiersprache BASIC ... bereits fest im Rechner eingebaut war" (ro-
botrontechnik.de, 14.03.2010b). Als letztes erschien 1988 der KC85/4.
Dieser konnte mit mehr Speicher, mehr Farben und einer höheren Taktfrequenz aufwarten (vgl. ebenda). Bei allen Modellen wurden die Daten
mit Hilfe eines Kassettenrekorders gespeichert, und sowohl KC85/2 als
KC85/3 besaßen Anschlüsse für *Joysticks*.

Vielen DDR-Bürgern wurden die ersten volkseigenen Rechner jedoch vorenthalten. Aufgrund der nur begrenzt lieferbaren Stückzahlen
gingen sie größtenteils an so genannte „gesellschaftliche Bedarfsträger",
also ans Bildungswesen, aber auch an VEBs (vgl. Salomon, 2003: 95).
Für den eigentlichen Entwicklungszweck, den privaten Konsum, blieben
so kaum Computer übrig. Diesem Problem versuchte man mit dem
Mikrorechner-Bausatz Z1013 beizukommen. 1984 vom VEB Robotron
Riesa vorgestellt, basierte dieser Kleincomputer ebenfalls auf einem

---

[51] Die Umbenennung des Z9001 in KC85/1 war ein Versuch der namentlichen Har-
monisierung mit den anderen Kleincomputern der DDR (vgl. computerspielemu-
seum.de, 14.03.2010i).

U880D-Prozessor, spielte aber aufgrund seiner beschränkten Grafikfähigkeiten keine große Rolle bei Spielen (allerdings führte er zukünftige Entwickler, wie etwa Andre Weißflog, das erste Mal an Computer heran). Um die Entwicklung dieser Computer und anderer Mikroelektronikkomponenten zu gewährleisten, wurde weiterhin sehr viel Geld in die Betriebe investiert. 1986 wurde der Beschluss gefasst, in Erfurt drei weitere Chipfabriken zu errichten, was einen Kostenaufwand von mehr als vier Milliarden Mark bedeutete (vgl. Barkleit, 2000: 77). Allein die Nachentwicklung von Vorbildtypen der Firma Intel im Kombinat Mikroelektronik erforderte die Beschaffung von technologischer Spezialausrüstung im Wert von über 120 Millionen Mark (vgl. ebenda: 76). Internationales Niveau erreichte man indes nie. Dies lag unter anderem daran, dass die rasante internationale Entwicklung auf diesem Technologiefeld die dem CoCom-Embargo geschuldete Strategie des Nacherfindens überforderte – das Kopieren westlicher Bauteile erschöpfte die Betriebe und kostete mehr Aufwand als eine Eigenentwicklung. Zudem schädigte das ausschließliche Nacherfinden „das kreative Potential der Ingenieure und Wissenschaftler und trug nicht selten zur Demotivation bei" (Barkleit, 2000: 36).

Nichtsdestoweniger kamen bis zum Ende der DDR noch diverse Politbüro- und Ministerratsbeschlüsse in der Hoffnung zustande, an das Weltniveau anknüpfen zu können und einen Innovationsschub zu erzwingen (vgl. ebenda: 138-140). Diese Entscheidungen waren jedoch zum Großteil durch Wunschdenken bestimmt. So verkannte Honecker den westlichen Vorsprung und betonte bei jeder sich bietenden Gelegenheit die Erfolge der Mikroelektronik (vgl. Kirchner, 2000: 22). Allein wegen der „enormen Kosten ... musste das Mikroelektronikprogramm propagandistisch zu einem Musterbeispiel vorausschauender Wirtschafts- und Strukturpolitik stilisiert werden" (Steiner, 2004: 210). Immerhin gelang es noch – mit Hilfe des von der Stasi beschafften Know-hows – rechtzeitig zum 40. Jubiläum der Republik das Labormuster eines 1-Megabit-Chips vorzustellen; dieser war jedoch von einer Serienfertigung „noch meilenweit entfernt" (Salomon, 2003: 19). Überhaupt sah die Realität trist aus: Die Kosten für die Produktion eines 256-Kbit Schaltkreises betrugen 534 Mark, während er auf dem Weltmarkt für vier bis fünf Valutamark gehandelt wurde. Verkauft wurde der Chip für 16 Mark (vgl. Ih-me-Tuchel, 2002: 88). Zudem erreichte man gerade 10 Prozent der Stückzahlen westlicher Hersteller und hatte immer mehr Schwierigkeiten, Abnehmer in anderen RGW-Ländern zu finden (vgl. Steiner, 2004: 210). Ironischerweise unterlagen die wesentlichen Speicherschaltkreise, die dem DDR-Niveau entsprachen, zu diesem Zeitpunkt nicht mehr dem Handelsembargo und waren im Westen zu niedrigen Preisen im Überfluss verfügbar (vgl. Kirchner, 2000: 192).

Jedoch: Die DDR hatte kaum eine Alternative zur Mikroelektronik, wollte sie „einen vorderen Platz in der Gruppe der entwickelten Industrieländer behaupten" (Barkleit, 2000: 32). Das Programm war „eine absolute Notwendigkeit: Ein leistungsfähiger und moderner Maschinenbau erforderte immer dringender mikroelektronische Bauelemente. Da die CoCom-Liste den Verkauf moderner westlicher Technologien in den Ostblock verhinderte und die DDR außerdem weiter unter chronischem Devisenmangel litt ... blieb der DDR nichts anderes übrig, als sich selbst der Produktion von mikroelektronischen Bauteilen zuzuwenden" (Steiner, 2004: 209). Ein notwendiges und sehr teures Autarkiebestreben „zwischen Computerisierung und Zusammenbruch" (Maier, 1999: 138), das jedoch unter den Bedingungen der Planwirtschaft nicht funktionieren konnte: „Außerdem erschien die Industrie in der DDR gemessen an den anderen Wettbewerbern erbärmlich ineffizient. Alles, was man hätte tun können, wäre falsch gewesen." (Maier, 1999: 141) Auch unter diesem Gesichtspunkt kam das Ende der DDR nicht überraschend.

Auch wenn das Mikroelektronikprogramm nachhaltigen Anteil am Untergang des Regimes hatte, gestaltete sich dieser dank der jetzt verfügbaren Spiele ein wenig unterhaltsamer. Nach dem BSS01 konnte jetzt auch auf Computern gespielt werden. Selbst ein Arcade-Automat erschien mit dem 1986 erstmals der Öffentlichkeit vorgestellten Poly-Play. In der außerunterrichtlichen Tätigkeit kreierten junge Programmierer eigene Spiele. Das Kombinat Mühlhausen veröffentlichte sogar eine offizielle Spielesammlung für KC-Computer. Doch bevor sich die Szene etablieren konnte, kam auch schon die Wende – Westprodukte überfluteten den Markt und niemand interessierte sich mehr für Spiele *made in GDR*. Ausgehend von der wirtschaftlichen Entwicklung, welche gerade in diesem Zeitraum sehr eng mit der Mikroelektronik und deren Förderung zusammenhing, werden diese Zusammenhänge im Folgenden genauer beleuchtet, wobei auch genauer auf die Integration von digitalen Spielen in den Wirtschafts- und Sozialapparat der DDR eingegangen wird.

4.4. Spiele auf DDR-Heimcomputern

Zwar wurden in der DDR neben der KC-Reihe noch andere Rechner entwickelt, vor allen Dingen für Anwendungen in der Wirtschaft, gespielt wurde aber hauptsächlich auf den Computern der Kombinate Robotron und Mühlhausen. Dies bestätigt auch Andre Weißflog (Weißflog im Interview, 2005):

JS: Was waren die ‚Spielcomputer‘ in der DDR? War das vor allen Dingen die KC-Reihe?

Weißflog: Ja, definitiv. Weil das war die ... das waren die einzigen ... also die Z1013, die hatten halt einfach den Nachteil, dass sie nur Schwarz-Weiß-Grafik hatten, nur so eine Art Blockgrafik. Dann gab es ja noch den Z9001, das war der eine Codename, der offizielle Name war wirklich KC85/1, der aber technisch überhaupt nichts mit den KC85/2, 3 und 4 zu tun hatte. Es gab ja die eine Reihe von Robotron, das war der 85/1, und der hatte halt auch ... der hatte zwar Farbgrafik, aber auch nur so *character*-basiert, also keine echte Pixelgrafik. Während der KC85/2, 3 und 4, der kam aus dem Mikroelektronik-Kombinat Mühlhausen, der war schon technologisch besser als ... also das war eigentlich von der Technologie her der beste DDR-Heimcomputer.

Allerdings gingen, wie bereits erwähnt, die meisten Rechner der KC-Baureihe entweder an das Bildungswesen oder an Betriebe, so dass für den eigentlichen Entwicklungszweck, den privaten Bedarf, kaum etwas übrig blieb. So wurden bereits ab Mitte der 1980er Jahre die ersten Computerkabinette in Schulen eröffnet (vgl. Mischke, 2004: 58). Zudem wurde in den Polytechnischen und Erweiterten Oberschulen (fakultativer) Informatikunterricht angeboten. In Spezialschulen mathematisch-naturwissenschaftlich-technischer Richtung wurde das Fach in den Klassen 9 und 10 ab 1986 sogar obligatorisch unterrichtet (vgl. Leppin & Schnabel, 14.03.2010). Darüber hinaus gab es die Möglichkeit, sich in der außerunterrichtlichen Tätigkeit in Arbeitsgemeinschaften mit Computern auseinanderzusetzen. Unter anderem wurde die für Wehrsport zuständige Gesellschaft für Sport und Technik (GST) um den Bereich Computer erweitert. „So entstand im Umfeld der GST der Begriff ‚Computersport'. Unter diesem Label fanden in den 80er Jahren viele Meisterschaften und populäre Wettbewerbe statt." (Lange, 2003) Auch das Programmieren von Computerspielen war hier möglich:

> „Auf folgenden Gebieten gibt es Betätigungsmöglichkeiten im Rahmen des Computersports der GST: Programmierung von Computerspielen zur sinnvollen Freizeitgestaltung, z.B. kombinatorische Spiele, Glücksspiele, Wissenstests, informatorische Spiele usw." (Sommer, 1987: 57)

Entsprechend fand der Erstkontakt mit Computern oft in der Schule oder Computerclubs statt bzw. wurde hier der Ausgangspunkt für eine ernsthafte Auseinandersetzung mit den Rechnern geschaffen. So auch bei Andre Weißflog:

> „Ja, und dann kam noch dazu … gleichzeitig hat dann damals in der DDR in den Schulen das auch angefangen, dass es da dann Computerclubs gab. Da hatten wir z.B. in Schwarzenberg, wo ich herkomme, die haben da einen Computerclub gehabt, der war im Schloss von Schwarzenberg, ganz oben im Turm, und da habe ich mich dann angemeldet … Da haben sich dann auch so 20, 30 Mann eingefunden, die damals in diesem Kreis Schwarzenberg überhaupt Interesse dran hatten am Programmieren. Und das war einmal in der Woche, da ist auch richtig mit Theorie … also bevor wir da überhaupt erstmal an den Rechner ran konnten, haben wir erstmal 10 Monate Theorie gebüffelt und BASIC programmieren und alles so'n Zeugs. Und dort ging das dann halt auch los, dass so die ersten Spiele programmiert worden sind, so dann halt als Freizeitprojekte. Das waren halt dann schon Z1013, da war ein Bausatz, den es damals gab, den konnte man schon an den Fernseher anschließen … und der … hatte auch keine richtige Grafik, sondern der hatte so eine Blockgrafik – so 32 mal 32, schwarz-weiß und da konnte man aber schon so ein bisschen Pseudo-Grafik machen. Das war dann so diese andere Richtung, wo es dann schon ein bisschen mehr Spaß gemacht hat überhaupt am Computer zu arbeiten." (Weißflog im Interview, 2005)

So wurden aus technik- bzw. spielefaszinierten Jugendlichen qualifizierte Programmierer (siehe Kapitel 4.6), die sich regelmäßig trafen und mit BASIC ihre ersten Programme schrieben.

> „Für die meisten war der Computerunterricht das schönste Schulfach. Dort feilte man an seinen Fähigkeiten, um irgendwann seine eigenen Spiele programmieren zu können … Doch schnell kam man an die Grenzen von BASIC und, was

viel schlimmer war, an die Grenzen der eigenen Phantasie ... Aber wo neue Ideen hernehmen?" (Mischke, 2004: 58)

Die Lösung fand sich auf Jahrmärkten, denn Fahrgeschäfte waren die einzigen Einrichtungen, die westliche Arcade-Automaten aufstellen durften. Diese wurden fortan zum Hort der Inspiration junger Spieleprogrammierer:

> „Und der wichtige Punkt, wo wir uns eigentlich damals die ganzen Anregungen hergeholt haben, das war eigentlich so der Rummel, also diese Volksfeste und so, wo dann das Riesenrad da war etc. etc. Aber das eigentlich wirklich interessante Ding auf diesem Rummel waren immer die Automaten, weil dic hatten dann ... oft Spielautomaten aus dem Westen. Also nicht diese mechanischen Dinger, da gab es teilweise auch Flipper und so, aber die richtig coolen Sachen waren natürlich die Arcade-Automaten, also *Pac-Man* und ... was weiß ich, *Breakout* etc. Und dort hingen wir eigentlich jeden Nachmittag dann rum im Sommer wenn das war und haben dort ein Geldstück nach dem anderen reingeworfen und dann haben wir uns da die Anregungen geholt, also wir haben dann auch teilweise Sachen eins zu eins nachprogrammiert auf irgendwelchen DDR-Heimcomputern." (Weißflog im Interview, 2005)

So ähnelte das von Weißflog programmierte Spiel *Jungle* dem Westtitel *Pitfall*, *Ladder* glich *Super-Mario* oder *Lode Runner*; bei *Vollgas* konnte man im Stil von *OutRun* Rennen fahren, während aus *Pac-Man* – wie auch auf dem Poly-Play (siehe Kapitel 4.5) – *Hase und Wolf* wurde.

> „[D]as waren meistens, also ich würde sagen so 80 Prozent waren irgendwas Nachgemachtes von irgendeinem Spiel, was es ... was es auf irgendwelchen Westheimcomputern gab." (Weißflog im Interview, 2005)

Nichtsdestoweniger läuteten sie eine goldene Zeit für Computerspieler in der DDR ein, denn fast alle Programme waren *Freeware*, die von den Programmierern und Fans kostenlos und legal von Kassette zu Kassette kopiert wurden. Die Adressen der Urheber konnte man meist den Startbildschirmen der Spiele entnehmen.

> „Es gab auch nicht viele in der DDR, die das letzten Endes selbst programmiert haben ... [Es gab] halt diese Computerclub-Szene, die dann meistens mit DDR-Heimcomputern oder mit was russischem da rumgespielt hat. Und die war viel kreativer, weil da gab es natürlich keine Software, die schon da war. Da mussten wir das eben selber programmieren. Und da war es auch eine Selbstverständlichkeit, das halt weiterzugeben. Also ... es ist erstaunlich, ohne Internet und ohne Mailboxen hat man trotzdem innerhalb von einer Woche vielleicht o-

der so die neuesten Sachen gekriegt. Das ging dann per Post – also Kassetten oder so was verschicken und so weiter und so weiter. Also man hatte trotzdem einen ganz guten Überblick und Brieffreundschaften mit anderen Leuten in der DDR." (Weißflog im Interview, 2005)

Konsequenterweise gehörte der Tausch von Software auch zu den offiziellen Bestandteilen des Computersports (vgl. Sommer, 1987: 57).

Sogar offizielle Spielesammlungen gab es – der Einheit von Wirtschafts- und Sozialpolitik sei Dank – für 38 DDR-Mark im Laden zu kaufen. Sowohl das Kombinat Robotron als auch das Kombinat Mikroelektronik veröffentlichten Spielesoftware für ihre Computer. Allerdings war das Kombinat Mikroelektronik, den Spielefähigkeiten der dort hergestellten Rechner entsprechend, auf diesem Gebiet aktiver. Für den Z9001 bzw. KC85/1 existierte nur eine offizielle Spielesammlung, während für die ‚Konkurrenz' aus Mühlhausen mindestens acht auf den Markt kamen. Gemeinsam war wiederum allen, dass ihre Inhalte zum Großteil aus einfachen Geschicklichkeitsspielen, Brettspielumsetzungen oder Variationen harmloser westlicher Arcade-Spiele bestanden, beispielsweise des Sega-Labyrinthspiels *Pengo*.

Andre Weißflog wirkte an diesen Spielesammlungen mit. Diese sind nicht nur ausschließlich aufgrund der Konsumgüterquote entstanden, sondern auch aus Begeisterung an der Technik.

Weißflog: Es gab damals in der DDR so eine Konsumgüterquote, da musste jeder Betrieb, musste irgendwie so und so viel Prozent als Konsumgüter ... so und dass das irgendwann mal im Laden stehen sollte. Und da hatte Mühlhausen dann angefangen, in der DDR rumzutelefonieren bei den Hobbyprogrammierern, weil die haben oft ihre Adresse reingeschrieben in die Spiele, um diese Kontaktaufnahme zu vereinfachen. Und da habe ich einen Anruf gekriegt, da war ich ... Anfang neunte Klasse wahrscheinlich, so um den Dreh, dass die Interesse dran hätten, drei oder vier Spiele von mir als offizielles Produkt rauszugeben. Und da hatten sie mir geboten – also das waren zwei Sachen. Einmal musste ich vor die existierenden Spiele einen anderen Vorspann packen, weil die hatten da so einen Standardvorspann von Mikroelektronik Mühlhausen, blah, blah ... Und gleichzeitig noch Portierungen auf den KC85/4, der damals gerade rauskam.

JS: War das also eher so eine wirtschaftliche Notwendigkeit im Hinblick auf die Quote?

Weißflog: Doch, das war von Mühlhausen aus so ein Mittelding. Dass die einmal schon Interesse dran hatten, weil dort saßen letzten Endes auch irgendwelche wilden Ingenieure, die sich wahrscheinlich ... also wir sind dann zum Beispiel auch hingereist mal, da haben sie so ein kleines Treffen organisiert, so mit Betriebsrundgang, und da haben die selbst gesagt, also gestaunt, was wir zum Beispiel aus den Maschinen rausholen. Auf deren Seite war das schon so das typische ‚Freakdenken', dass es da vielleicht so ein paar gab, die das angekurbelt haben, und auf der anderen Seite war es für die natürlich letzten Endes offiziell abgesegnet durch diese Konsumgüterquote.

Dieser auf den ersten Blick offenere Umgang mit digitalen Spielen, im Vergleich zu Westdeutschland, wird in Kapitel 4.6 noch genauer thematisiert. Zu einem gewissen Grade zeigte er sich auch, wenn es um westliche Software ging, genauer gesagt um das Kopieren westlicher Software.

Die entsprechenden finanziellen Mittel oder Westkontakte vorausgesetzt, war es auch in der DDR möglich, an westliche Hardware zu gelangen. Der DDR-Zoll war dank des CoCom-Embargos sehr tolerant, was die Einfuhr westlicher Technologie anbelangte, so dass jeder Bürger einen Computer zollfrei einführen durfte – so er ihn denn am Westzoll vorbei schmuggeln konnte (vgl. Lange, 2003). Auf selbem Wege gelangte auch die Software für den C64 und Atari ST ins Land, wo sie in großem Stil kopiert wurde.

„Die Hauptstadt der DDR entwickelte sich ab 1987 rasend schnell zur Kopierhochburg für die Ostblockstaaten. Das ‚Haus der jungen Talente' in Berlin Mitte war das Zentrum. Hier trafen sich, wie im Rest des Landes, junge Computerfans. Jedoch wurde hier weniger programmiert als C64-Spiele gecrackt [der Kopierschutz überwunden] und kopiert ... So ging bald jedes Spiel, das im Westen erschien, durch die Hände der Computerspezialisten, wurde kopiert und entweder getauscht oder verkauft." (Mischke, 2004: 60)

Auch Weißflog erinnert sich:

„Es gab halt zwei getrennte Szenen. Es gab eben halt die West-Heimcomputer-Szene, C64, Atari 800 etc. Die haben eigentlich kaum eigene Sachen programmiert im Osten, sondern das war halt mehr so die Cracker-Szene. Die haben raubkopierte Dinger weitergegeben etc." (Weißflog im Interview, 2005)

Die Raubkopien nahmen solche Größenordnungen an, dass der offene Umgang und das Kopieren in offiziellen staatlichen Einrichtungen durch den gemeinsamen Einsatz der Volkspolizei und ihrer westlichen Kollegen beendet wurde. Spätestens mit dem Fall der Mauer kamen strengere Urhebergesetze, was die Lebensdauer der C64-Szene im Osten zusätzlich verkürzte. Und auch die Ost-Heimcomputer fielen der politischen Wende zum Opfer, waren sie doch angesichts der westlichen Konkurrenz nicht mehr gefragt.

Bevor es allerdings soweit kommen sollte, wurde in der DDR noch unter erheblichem Aufwand ein Arcade-Automat gebaut: Das Poly-Play, das sicherlich aufwändigste Gerät, auf dem je im Osten Deutschlands gespielt wurde.

4.5.   Die DDR-Arcademaschine: Der Poly-Play-Automat

Die „Krönung der Bemühungen" (Lange, 12.03.2010) um Videospiele in der DDR wurde 1986 auf der „Messe der Meister von Morgen" in Leipzig vorgestellt (Polyplay.de, 14.03.2010a): Der Poly-Play-Automat, der erste und einzige Arcade-Automat im Arbeiter- und Bauernstaat. Den Namen verdankte das Gerät seiner Fertigungsstätte, dem VEB Polytechnik Karl-Marx-Stadt (am bekanntesten wohl für den Polylux-Projektor), sowie der Tatsache, dass bis zu acht Spiele auf ihm untergebracht werden konnten: *Hirschjagd, Merkspiel, Schmetterlinge, Schießbude, Abfahrtslauf, Wasserrohrbruch, Autorennen* sowie *Hase und Wolf*. Laut Quellcode waren weitere Titel in Planung, wurden aber nie veröffentlicht bzw. erreichten nur eine extrem kleine Öffentlichkeit. Dazu zählten *Im Gewächshaus, Der Gärtner, Hagelnde Wolken* und *Der Taucher*. Die Existenz von *Hagelnde Wolken* und *Der Taucher* kann als gesichert gelten; die Titel laufen auf einem sich in einer Privatsammlung befindlichen Poly-Play.[52]

An der Spieleauswahl wird bereits deutlich, dass man bemüht war, „nicht ganz so martialisch daherzukommen wie die westlichen Pendants" (Lange, 12.03.2010). *Hase und Wolf* war nichts anderes als ein *Pac-*

---

[52] Siehe http://www.youtube.com/watch?v=qtw7fIKACRs&feature=related für *Hagelnde Wolken* sowie http://www.youtube.com/user/666priesthill#p/a/u/1/JF4Q02 5K4Sg für *Der Taucher*.

Man-Klon; *Autorennen* kopierte das zu diesem Zeitpunkt mehr als 10 Jahre alte *Gran Trak 10*; *Schießbude*, ‚inspiriert' von Segas *Carnival*, erlaubte höchstens das Abschießen von Enten; beim *Merkspiel* musste man sich vom Computer vorgegebene Tonfolgen merken, während die Aufgabe bei *Schmetterling* darin bestand, eben diese mit Hilfe der Fernsehfigur Pitiplatsch einzufangen. Die Propaganda lobte im Funkamateur:

„Damit unterscheidet sich POLY-PLAY von westlichen Videospielautomaten, bei denen viele Spielprogramme antihumanen Charakter haben, wie Verherrlichung des Sternenkrieges, von Gewalt und von Völkerhass." (Schubert, 1987: 136)[53]

Abhängig von der Speichergröße, die das Programm einnahm, beliefen sich die Kosten eines Spiels zwischen 400 (*Hirschjagd*, *Abfahrtslauf*) und 750 DDR-Mark (*Hase und Wolf*). So konnte der allein für das Gerät zu zahlende Preis von 21.950 DDR-Mark sehr schnell 35.000 DDR-Mark erreichen (vgl. robotrontechnik.de, 14.03.2010c; Lange, 12.03.2010). Diesem astronomischen Preis entsprechend, wurden relativ wenige Poly-Play-Automaten gebaut; die Angaben schwanken zwischen 1.000 (vgl. Lange, 12.03.2010) und 2.000 Stück (vgl. robotrontechnik.de, 14.03.2010c).[54]

„44 Automaten je Monat sollten im IV. Quartal 1986 zur Dauerleistung werden. Am Anfang waren es gerade mal 10 Stück im Monat. Entwickelt wurde der Automat 1985 innerhalb eines halben Jahres." (Polyplay.de, 14.03.2010a) Das Gehäuse des Poly-Play kam vom VEB Raumkunst Mosel, wohingegen es sich bei dem verbauten Fernseher um einen Colormat aus dem VEB RFT (Rundfunk- und Fernmelde-Technik) Staßfurt handelte. Die Produktion hielt bis 1989 an. Das Urgerät trug die Bezeichnung ESC1 (Elektronischer Spielcomputer). Es ver-

---

[53] Dies könnte auch ein Grund sein, warum *Hagelnde Wolken* nahezu keine Verbreitung fand. Die Aufgabe des Titels war es, mit ‚Wetterraketen' auf anrückende Wolken zu schießen. Aber: Aufgrund des hohen Abstraktionsgrades erinnerte es stark an *Space Invaders*; in manchen Poly-Play-Automaten lief es sogar unter dem Namen *UFO*. Solche Inhalte hätten natürlich die Propagandabemühungen untergraben.

[54] Wie immer sollten diese Zahlen vorsichtig eingeschätzt werden. So basieren die Zahlen von robotrontechnik.de auf einer groben Schätzung (vgl. robotrontechnik.de, 14.03.2010c).

fügte noch über acht zusätzliche Schalter, mit welchen die Spiele direkt angewählt werden konnten, zumal ein Spielauswahlmenü (noch) nicht integriert war (vgl. robotrontechnik.de, 14.03.2010c). Innerhalb dieser Serie wurde die Software dann so überarbeitet, dass die Spielauswahl per *Joystick* erfolgen konnte.

> „Vermutlich wurden (wie Seriennummern zeigen) Geräte in ‚alter‘ und ‚neuer‘ ESC1-Ausführung eine gewisse Zeit lang parallel produziert und verkauft. Beispiel hierfür ist ein Polyplay-Automat in ‚neuer‘ ESC1-Ausführung mit der Seriennummer 151 und ein ESC1-Polyplay in ‚alter‘ Ausführung mit der neueren Seriennummer 185." (ebenda)

Die zweite Variante, der ESC2, unterschied sich vom ‚Ur-Poly-Play‘ ESC1 durch ein etwas formschöneres Gehäuse, eine leicht veränderte Münzeinwurf-Mechanik und -Elektronik und, etwas später, einen anderen Lauflicht-Schriftzug (vgl. ebenda). Generell muss in diesem Zusammenhang berücksichtigt werden, dass fast alle Automaten wegen der latenten Materialknappheit immer ein wenig anders aussahen.[55] Im letzten Produktionsjahr kam es anscheinend noch einmal zu einer Überarbeitung. Der ESC2 konnte mit einem grafisch völlig neu gestalteten Spielauswahlmenü aufwarten, und es war möglich, zehn statt bisher acht Spiele zu wählen (vgl. ebenda).

Technisch basierte das Gerät auf bewährten Bauelementen aus volkseigener Produktion. Zentraler Chip war der U880D, der zusammen mit dem Mikrorechner-System K1520 seinen Dienst verrichtete. Die Spiele wurden im Textmodus auf den Bildschirm gebracht.

> „Der im Poly-Play-Automat vorhandene Zeichensatz enthielt also neben Buchstaben auch Grafiksymbole, aus denen dann das Spielfeld und die Spielfiguren zusammengesetzt wurden. Dabei wurden 64 Zeichen waagerecht und 32 Zeichen senkrecht ausgegeben. Insgesamt konnten 10 Farben dargestellt werden." (Polyplay.de, 14.03.2010b)

Auch *Joystick* und Bedienknöpfe waren „DDR-übliche Standardbauteile, wie sie auch bei Robotron-Tastaturen (Hall-Taster beim Spielhebel) und in der Elektroindustrie (Bedienknöpfe) Verwendung fanden" (robotron-

---

[55] Dies war bereits beim BSS01 der Fall, welches in mindestens drei verschiedenen Farbvariationen existierte.

technik.de, 14.03.2010c). Der Geldeinwurf funktionierte rein mechanisch, und das Auslösen des Impulses ‚Geld einwerfen' mittels einer Lichtschranke. Jedoch wurden die 50 Pfennig, so viel kostete ein Spiel, nicht immer erkannt:

> „Das Ostgeld aus Aluminium wetzte unglaublich schnell ab. Deswegen erkannte der Automat das eingeworfene Geld nicht, und du standest da mit einem Sack voll Münzen und kamst nicht zum Zug." (Falk Seifert zitiert nach Mischke, 2004: 56)

Überhaupt hielt sich die Begeistcrung mancher Spieler in Grenzen:

> „Ja, dann gab es noch ein ganz fürchterliches Hirschjagd-Spiel und so ein komisches Skifahrerspiel und ein Autorennen. Aber da war eher ... also die Spiele sahen sogar noch schlechter aus als das, was wir damals auf den Heimcomputern gemacht haben." (Weißflog im Interview, 2005)

Und dennoch, trotz Grafik auf dem Niveau der 1970er Jahre und einer ‚fiepigen' Soundausgabe, „alle, die keine Vergleiche zu ‚Centipede' oder ‚Missile Command' ziehen konnten, [empfanden] den Poly-Play-Automaten als das Nonplusultra der Bildschirmunterhaltung" (Mischke, 2004: 56).

Für das Aufstellen und den Betrieb des Poly-Play war eine Zulassung des Staatszirkus der DDR, Fachgebiet Spielwesen notwendig (vgl. robotrontechnik.de 14.03.2010c). So fand man das Gerät – allein schon wegen des Preises – in „eher privilegierten Einrichtungen wie z.B. FDGB Freizeitheimen, Jugendclubs oder Hotels. Die größte Spielhalle der DDR dürfte das SEZ (Sport und Erholungszentrum) in Berlin mit 42 Geräten gewesen sein. An guten Tagen wurden dort 5000 Mark umgesetzt" (Lange, 12.03.2010). Selbst im Palast der Republik, nicht nur Parlamentsgebäude, sondern auch Kulturhaus mit Bowlingbahn und Disco, war ein Exemplar zu finden (vgl. ebenda); im Westen Deutschlands war dies schwer vorstellbar, wurden digitale Spiele bei den kulturkritischen Kapitalisten doch streng reguliert (siehe unten).

Die meisten Poly-Play-Automaten fanden ein trauriges Ende.

> „Als die Wende kam, wurde die Produktion der einst bestaunten Technikwunder gestoppt. Neben der martialischen Konkurrenz aus dem Westen wirkten sie

nunmehr eher wie das kleine hässliche Entchen. Sie wurden verschrottet."
(ebenda)[56]

Genaue Angaben über erhaltene Exemplare existieren leider nicht; manche Schätzungen belaufen sich auf weniger als zehn Exemplare (vgl. Mischke, 2004: 59), wobei diese Zahl sehr pessimistisch anmutet. Mehrere Geräte befinden sich in Privatsammlungen, dazu kommen Automaten im Besitz des Computermuseums in Berlin oder der technischen Sammlung der TU Dresden. Selbst in einer ,Ostalgie'-Kneipe, dem Ost-Pol in Dresden, ist ein Exemplar zu finden.

Wie bereits mehrfach erwähnt, unterschied sich der Umgang mit Videospielen in der DDR erheblich von dem in Westdeutschland; sie waren Teil der offiziellen Kulturlandschaft und wurden entsprechend gefördert. Vor allen Dingen dienten sie aber, in mehrfacher Hinsicht, der Stabilisierung des Systems.

4.6. Die Rolle von Spielen im DDR-System

„Angesichts der realen Erscheinungen bei der Ausbreitung von CS und angesichts der unterstellten wichtigen Potenzen für die allseitige wie auch individuelle Persönlichkeitsentwicklung wäre es unverantwortlich, bei einer generellen Ablehnung der CS zu verbleiben oder sie stillschweigend zu tolerieren." (Hille, 1988: 80)

Während sich das Medium im Westen (mehr oder weniger) über eine Art Subkultur verbreitete, „waren Videospiele im Osten von Anfang an Bestandteil der offiziellen Kultur- und Bildungspolitik" (Lange, 12.03.2010). Entsprechend wurde das BSS01 von höchster Stelle in Auftrag gegeben und zum Großteil an staatliche Jugend- und Freizeiteinrichtungen verteilt, es gab offizielle Spielesammlungen, ein enormer finanzieller und technischer Aufwand wurde betrieben, um das Poly-Play-Kabinett zu

---

[56] Andre Weißflog erinnert sich: „Die Dinger standen halt in irgendwelchen Hotellobbys oder so. Oder vielleicht mal in einem Restaurant war einer. Und ... meine intensivste ,Berührung' damit hatte ich auf Usedom ... da gab es ein Hotel, Roter Oktober ... Und da standen drei Reihen von solchen Poly-Play, das heißt es waren bestimmt 20 Stück oder so." (Weißflog im Interview, 2005) Ein Anruf bei dem Hotel – heute Hotel Baltic – ergab, dass alle Automaten 1993 verschrottet wurden.

produzieren, welches sich fortan an allen möglichen Stellen des öffentlichen Lebens wiederfand.

Im Westen Deutschlands hingegen wären solche Vorgänge schwer vorstellbar gewesen. So wurde 1985 das „Jugendschutzgesetz novelliert, u.a. mit der Folge, dass Videospielautomaten nicht mehr an öffentlichen Plätzen aufgestellt werden durften" (ebenda). Fortan traf man auf die angeblich jugendgefährdenden Geräte nur noch in verrauchten Kneipenhinterzimmern oder dubiosen Spielotheken. Entsprechend zweifelhaft war ihr Image. Kurz vorher wurde mit dem Atari-VCS-Titel *River Raid* erstmals ein Videospiel von der Bundesprüfstelle für jugendgefährdende Schriften indiziert. Auch dies schlug sich gleichfalls im Ansehen dieser Form elektronischer Freizeitgestaltung nieder, welche sich ohnehin mit einer äußerst kulturkritischen Öffentlichkeit konfrontiert sah (vgl. Schröder, 2010).

Angesichts dieser Unterschiede stellt sich natürlich die Frage nach dem Grund. Wenig überraschend lag dieser vor allen Dingen in der Systemstabilisierung der DDR. Dabei ging es nicht nur um die Formel „politische Ruhe gegen Wohlstandsversprechen", sondern auch um die Funktion digitaler Spiele für die Aufrechterhaltung des Wirtschaftsbetriebs.

„Die DDR registrierte die Faszination der jungen Menschen für die Automatenspiele und ernannte Computerspielen zur Staatssache ... Die DDR [realisierte] ... schnell, dass Computer einmal ein bestimmender Faktor in der weltweiten Wirtschaft werden sollten. Und so waren Videospiele für die SED-Oberen ein willkommenes Mittel, um junge Menschen an den Rechner zu holen und für die Materie zu begeistern." (Mischke, 2004: 56-57)

Natürlich hatte auch bzw. gerade der Westen die ökonomische Bedeutung der Mikroelektronik erkannt; der DDR ging es darum, diesen Vorsprung einzuholen. Jedoch erfolgte diese Aufholjagd unter dem Vorzeichen von „Computerisierung oder Zusammenbruch des Systems" (siehe Kapitel 4.3). Dementsprechend war das Gewinnen qualifizierten Personals eine absolute wirtschaftliche Notwendigkeit – und Spiele das Mittel.

Dies betonten auch die Teilnehmer der Konferenz *Computernutzung in der außerunterrichtlichen Tätigkeit*, welche im Oktober 1988 in Halle stattfand und die zu den wenigen offiziellen Veranstaltungen in der DDR gehörte, auf denen digitale Spiele unter wissenschaftlichen Gesichtspunkten diskutiert wurden. So gehörte die „informationsverarbeitende Technik" für Dr. sc. paed. Hutterer zu den Schlüsseltechnologien der DDR (Hutterer, 1988: 7). Für ihn war „der Einsatz von Computerspielen eine legitime Variante außerunterrichtlicher Beschäftigung" (ebenda).

> „Computerspiele erfüllen heute ihren Zweck beim Überwinden der Scheuschwelle vor dem Computer ... Die Zielfunktion dieser Aufgabenstellung ist eindeutig: Alle ökonomischen Effekte volkswirtschaftlichen Computereinsatzes kommen über seine Stellung als modernes Arbeitsmittel im Produktionsprozess ... zur Wirkung." (ebenda)

Ähnlich sah es sein Kollege Karl-Heinz Nürnberger, welcher darauf hinwies, dass es Schüler gebe, die sich „primär für die Partnerfunktion des Computers beim Spielen ... interessieren. Dieses Interesse steht meist am Beginn weitergehender Beschäftigung mit dem Computer" (Nürnberger, 1988: 21). Auch der Informationswissenschaftler Horst Völz betonte, dass der Spaß als Zugang zur Informatik sehr wichtig sei (vgl. Völz, 1988: 34). Keßler und Krätzschmer hoben gleich eine ganze Reihe angeblicher Vorteile hervor:

> „Mit der Hilfe der Computerspiele bilden sich Fertigkeiten im Umgang mit der neuen Technik heraus. Es ist beeindruckend, wie schnell die Kinder im Spiel ihre Voreingenommenheit gegenüber dem Computer verlieren ... Computerspiele wecken die innere Bereitschaft und das Interesse für neue Technik ... Sie fördern ... ein besonderes emotionales Milieu, schaffen erlebnisgeladene, dynamische Situationen ... Kinder lernen am Computer spielend ... Beim Computerspiel wird der Phantasie der Kinder breiter Raum gegeben." (Keßler & Krätzschmer, 1988: 42)

Kurzum:

> „Was wir dringend benötigen, ist eine Anerkennung einer der menschlichen Bedürfnisse, dem Spielen, auch bei unseren großen Kindern und zweitens vielfältige Anstrengungen, unter Einbeziehung des Adressatenkreises genau solche Spiele zu entwickeln, die mit unseren aktuellen ökonomischen Möglichkeiten und unseren Bildungs- und Erziehungsabsichten harmonieren." (Hille, 1988: 86)

Dass Spiele als Möglichkeit angesehen wurden, junge Leute an den Computer heranzuführen und darüber hinausgehend hochqualifiziertes Personal zu gewinnen, bestätigt auch Andre Weißflog. Er erwähnt aber noch eine andere Vergünstigung, welche die Bedeutung der Informatik hervorhebt:

„Das kann ich mir gut vorstellen. Also auf alle Fälle diese Computerclubs, die sind richtig gefördert worden. Da gab es eigentlich in jedem Kreis ... gab es mindestens einen schulübergreifenden Computerclub. Und meistens haben die Schulen da selber noch mal, wenn sie ein oder zwei Rechner gekriegt hatten, gab es dann meistens noch eine AG Informatik. Und das ist schon, glaube ich, wohlwollend gesehen worden. Was zum Beispiel noch ein wichtiger Punkt war ... es gab am Anfang, so irgendwann Mitte der 80er, gab es in der DDR kein echtes Informatik-Studium. Weil ich hatte mich da natürlich mal umgehört, weil ich wollte dann natürlich Informatik studieren. Das ist dann irgendwann eingeführt worden. Dann war es sogar so, dass, wenn man sich für ein Informatik-Studium angemeldet hat, war es dann normalerweise in der DDR so, wenn man überhaupt studieren wollte: Drei Jahre Armee. Und das haben die dann bei dem Informatik-Studium vollkommen umgedreht. Da musste man dann nämlich statt ... ich weiß jetzt nicht genau ... statt 18 Monate 12 Monate so ...? Auf alle Fälle: Wenn man Informatik studiert hat, da gab es dann immer so eine kurze Phase, wo man nur ... wo man kürzer zur Armee musste als die normale Wehrpflichtzeit. Das heißt, die waren zu dem Zeitpunkt zumindest ziemlich dran interessiert, möglichst schnell Computerfachleute zu kriegen." (Weißflog im Interview, 2005)

Dabei gab es auch vor Eintritt in die Armee bereits die Möglichkeit, sich aufgrund der hohen ökonomischen Bedeutung des Computersektors propagandistischem Druck zu entziehen.

„Auch in der FDJ entwickelten sich Formen, um dem unmittelbaren politischen Anspruch auszuweichen. Eine solche Chance bietet insbesondere der ausgedehnte Bereich der außerschulischen Erziehung. Schüler, die an mathematisch-naturwissenschaftlichen und technischen Arbeitsgemeinschaften teilnahmen, können sich hinter dieser Aktivität verschanzen und damit ihre Zurückhaltung bei Aufgaben der Agitation und Propaganda begründen." (Waterkamp, 1988: 541)

Wie diese Beispiele zeigen, wurde mit der elektronischen Freizeitgestaltung kalkulierter umgegangen als in Westdeutschland, immerhin war sie für die Zukunft des Landes entscheidend. Auf dem VIII. Pioniertreffen in Karl-Marx-Stadt 1988 wurden sogar von Arbeitsgemeinschaften programmierte Spiele (neben anderen Programmen) öffentlich ausgestellt, um die Leistungsfähigkeit der KC-Reihe zu demonstrieren. Zwar kamen vereinzelt auch negative Stimmen auf, was den Gebrauch von Computerspielen betraf – durch „die immer stärkere Verbreitung von Computerspielprogrammen entscheidet sich eine wachsende Anzahl von Kindern und Jugendlichen mit falschen Vorstellungen für die Teilnahme am Informatik-Arbeitsgemeinschaften und verursacht Fluktuaktionserscheinungen" (Hamm, 1988: 59) – jedoch verhallten diese angesichts der überwiegend hoffnungsvollen Einstellung der meisten Entscheidungsträger. Immerhin demonstrierten Spiele nach innen und außen, dass die DDR sich im Hochtechnologiebereich (mehr oder weniger) auf Weltniveau befand.

Natürlich gab es neben der ökonomischen auch eine ideologische Komponente. Immerhin „wirkt auch die andere Seite – über Hard- und Softwareeinflüsse – an der Interessenentwicklung unserer Schuljugend mit" (Nürnberger, 1988: 19). Angesichts der von Hille angeführten Potenzen für die allseitige wie auch individuelle Persönlichkeitsentwicklung wäre es geradezu verantwortungslos gewesen, dem kapitalistischen Feind das Feld zu überlassen. Dementsprechend kam Hutterer auf der angeführten Konferenz in Halle auch zu dem Ergebnis, dass „Computerspiele objektiv Tendenzen besitzen, die Ideen und Werte des Sozialismus durch die Kinder über Spiel und Romantik aneignen zu lassen" (Hutterer zitiert nach Lange, 12.03.2010). Auch Nürnberger wünscht sich, dass bei aller Differenziertheit der Motivationen „das Interesse der Schüler auf jene Inhalte und Gegenstände gelenkt [wird], die gesellschaftlich im Sinne des wissenschaftlich-technischen und sozialen Fortschritts besonders relevant sind" (Nürnberger, 1988: 24). In diesem Sinne konkret wurden gleichfalls Keßler und Krätzschmer, als sie erklärten, dass die Tätigkeiten der Kinder am Computer zwingend einer zielgerichteten und zweckmäßigen Einordnung in den komplexen pädagogischen Prozess bedürften. Diese Tätigkeiten wären durch „Pädagogen so zu führen ... dass sie die Erziehungsresultate auf dem Wege sozialistischer Persönlichkeitsentwicklung bereichern" (Keßler & Krätzschmer, 1988: 36). Klares Ziel dabei war es, dass die Schüler in ihrer gesamten Lebenspraxis und somit auch in der konkreten Tätigkeit am Computer die allgemeinen gesellschaftlichen Prioritäten, die weltanschaulich-moralischen und ideologischen Dimensionen der DDR-Gesellschaft erfassten (ebenda). Auch Müller, Hutterer und Voelker vertraten die Meinung, dass die Ziele der Computernutzung so definiert werden sollten, dass sie ihren Beitrag zur kommunistischen Erziehung leisteten (Müller, Hutterer & Voelker, 1988: 49).

Diese Ziele implizierten natürlich einen bestimmten Spieletyp bzw. eine kalkulierte Harmlosigkeit. So waren die Inhalte der DDR-Spiele gegenüber ihren westlichen Pendants ungleich zahmer. Das Abschießen von Enten in *Schießbude* oder eines Hirsches in *Hirschjagd* war das Höchstmaß an Gewalt auf dem Poly-Play (siehe den Kommentar in Kapitel 4.5). Auch die Computerspiele hielten sich zurück. Wie bereits erwähnt, handelte es sich bei den offiziell vertriebenen Spielen meist um einfache Geschicklichkeitsspiele, um Brettspielumsetzungen oder Variationen harmloser West-Automaten, der Hauptinspirationsquelle der DDR-Programmierer.[57] Auch Andre Weißflog kann sich nicht an gewalttätige Titel erinnern:

JS: Gab es denn auch bestimmte Genres die absolut tabu waren? Gewaltspiele oder so? Wo denn vielleicht gesagt wurde: „Das geht jetzt aber nicht!" Oder: „Da könnten wir Ärger mit bekommen?"

Weißflog: Hm ... na ja, also wie gesagt, das war halt noch nicht ... irgendwie, es war ... gerade dabei überhaupt, das überhaupt groß zu bekommen. Also da hat sich niemand drum gekümmert. Aber ... also, so gewisse Sachen wären schon tabu gewesen. Also das wäre aber nicht nur bloß bei Computerspielen gewesen, damals gab es zum Beispiel gerade so eine Diskussion, da hatten irgendwelche Neonazigruppen im Westen irgendwelche KZ-Spiele für den C64 rausgebracht. Also wenn ich so was natürlich auch gemacht hätte, das wäre ...

JS: Hm, ja klar.

Weißflog: Solche Dinger wären problematisch gewesen. Aber mir ist kein Fall bekannt, dass da irgendjemand so was gemacht hat. Oder irgendwelche Gewaltspiele, oder irgendwelche ... politisch angehauchten Sachen wären wahrscheinlich auch kritisch gewesen. Aber ich wüsste nicht, wer da so ein Ding fabriziert hat.

---

[57] Inwieweit sich privat programmierte Spiele in der DDR an der „Glorifizierung des Sternenkrieges" beteiligten, ist natürlich schwer zu beurteilen. So findet man auf einer Website für KC-Software (kc85emu.de, 12.03.2010) beispielsweise den Screenshot eines *Enterprise*-Spiels, bei welchem man Klingonen mit Photonentorpedos in weit entfernte Galaxien befördert. Allerdings stellt sich hier die Frage, wann das Spiel programmiert wurde. Möglicherweise ist es nach der Wende in einem Anfall von Nostalgie entstanden.

JS: Also gab es so in der Form auch nicht? Das waren dann meist Autorennspiele, *Jump'n'Runs* oder so?

Weißflog: Hm … [Zustimmen durch Nicken] (Weißflog im Interview, 2005)

Ein offensichtlicher Grund für diese Politik war, dass sie es dem SED-Regime erlaubte, den Klassenfeind ideologisch anzugreifen. Man konnte den „Imperialisten" und „Faschisten" der westlichen Demokratien ihre angebliche Verwerflichkeit und Kriegslüsternheit vorwerfen. So erschien noch im November 1989 (!) unter der Rubrik „Imperialismus" ein Artikel im Funkamateur, der auf äußerst polemische Weise die Gewalt in westlichen Spielen ankreidete. In „Bomben, ballern, metzeln" hieß es unter anderem:

> „Gewalt, Menschenfeindlichkeit, Brutalität breiten sich dank öffentlich-rechtlicher … Fernsehanstalten der BRD gleich einer Epidemie in Wohn- und Kinderzimmern aus, werden millionenfach als ‚Spiele' für Commodore-, Atari- und Schneider-Computer produziert." (Noll, 1989: 528)

Und weiter:

> „Höhenflüge mit der Gewalt … macht das US-amerikanische Software-Unternehmen Sublogic. Angesiedelt in dem kleinen Städtchen Champaign südlich von Chicago, erprogrammierten sich … Präsident und Chefprogrammierer und … Geschäftsführer … zig Millionen Dollar. (…) Auf dem Computerspielmarkt der BRD nehmen sich Programme ohne Gewalt verschwindend gering in Auflage und Umsatz aus. Ein sicheres Zeichen dafür, dass ‚Ballerspiele' absoluten Vorrang haben." (ebenda)

Die Tatsache, dass *River Raid* aufgrund seiner angeblichen Kriegsverherrlichung verboten wurde, wurde geflissentlich ignoriert. So heißt es im Indizierungsbeschluss:

> „Jugendliche sollen sich in die Rolle eines kompromisslosen Kämpfers und Vernichters hineindenken […]. Hier findet im Kindesalter eine paramilitärische Ausbildung statt […]. Bei älteren Jugendlichen führt das Bespielen […] zu physischer Verkrampfung, Ärger, Aggressivität, Fahrigkeit im Denken […] und Kopfschmerzen." (Wikipedia.org, 14.03.2010)

Als im Westen krude, rechtsextremistische Software erschien (programmiert im Untergrund und nicht kommerziell vertrieben), wurde dies im Sinne der Propaganda ebenfalls ‚dankbar' aufgenommen (Funkamateur, 1988: 321-232).

Die Teilnehmer der Konferenz in Halle wurden dementsprechend nicht müde, vor den Gefahren (westlicher) *Games* zu warnen, sei es nun unter pädagogischer oder ideologischer Hinsicht. So förderten die Spiele demnach Suchterscheinungen, Phantasielosigkeit, Aggressivität und stellten keine geistige Förderung dar (vgl. Völz, 1988: 33). Des Weiteren würden sie wertvolle Rechenzeit auf ernsthaften Arbeitsgeräten kosten und durch die „inzwischen hervorragenden Möglichkeiten für Grafik, Animation und Sound ... verblüffend realistische Spielsujets, die bei vielen westlichen CS mehr oder minder offen zur ideologischen Manipulation verwendet werden", erlauben (Hille, 1988: 79). Noch dazu seien sie unangemessen teuer (vgl. ebenda).

Mit dieser Kritik verband sich auch der (durchaus verständliche) Wunsch nach mehr pädagogisch gesicherten Aussagen und Erkenntnissen zum Thema Computerspiele (vgl. Hutterer, 1988: 10); ein Umstand, der noch einmal die Bedeutung unterstreicht, die dem Medium innerhalb des Systems zukam. Entsprechend beschränkte sich der Wunsch nicht nur auf die Ausnutzung der Möglichkeiten des Edutainments[58], sondern auch die Frage, wie mit dem Hang mancher Kinder nach besonders leicht zu konsumierender Software umzugehen sei oder wie hoch der gesellschaftliche Aufwand zur Eigenproduktion von Computerspielen sein dürfe, wurde diskutiert (vgl. Hille, 1988: 85). Immerhin wiesen fast alle Spiele Ideologieneutralität und einen geringen pädagogischen Gehalt auf (vgl. Beer, 1988: 92).

„Es ist daher gegenwärtig die wichtigste Forderung an Spielprogramme, dass pädagogische Aspekte stärker berücksichtigt werden, dass Spielidee und -gestaltung einem bestimmten Thema zugeordnet sind, so dass auch ideologische Positionen bezogen oder gefestigt werden können ... Es liegt der Gedanke nahe, ob es sinnvoll oder notwendig ist, eine Arbeitsgruppe zu bilden, die sich aus erfahrenen Software-Ingenieuren, Pädagogen und Psychologen zusammensetzt, um professionell Computerspiele zu entwickeln." (ebenda: 92-93)

Doch dazu sollte es nicht mehr kommen. Bevor bewusst unter ideologischen bzw. politischen Gesichtspunkten programmierte Spiele auf den Markt kamen (die über die bewusste Harmlosigkeit von Poly-Play-Titeln

---

[58] Also eine Mischung aus ‚Education' und ‚Entertainment', wie z.B. „Weltraumabenteuer auf der Basis korrekter himmelsmechanischer Grundlagen" (Hille, 1988: 85).

hinausgingen), öffnete sich die Mauer, und die DDR wurde mit Westpro-
dukten überschwemmt. „Volkseigene" Computer waren in Anbetracht der
technisch überlegenen Konkurrenz nicht mehr gefragt und verschwanden genauso wie die VEBs, in denen sie produziert wurden.

Weltweit jedoch waren digitale Spiele auf dem Vormarsch. Sega
und Nintendo lieferten sich Anfang der 90er einen harten Kampf um
Marktanteile – bis sich Sony mit der PlayStation als stärkste Kraft etablieren konnte und wie noch kein Hersteller vorher Videospiele im Er-
wachsenensektor positionierte. Um den Leser nicht ratlos in den 1990er
Jahren zurückzulassen, folgt eine kurze Erläuterung der Entwicklungen
des Mediums bis ins 21. Jahrhundert.

5. Geschichte der Computer- und Videospiele ab 1989/1990 bis in das 21. Jahrhundert

Segas erster Schritt, Nintendos Dominanz Ende der 1980er, Anfang der 90er Jahre zu brechen, war die Einführung einer leistungsstärkeren Konsole, dem Mega Drive. Der zweite und entscheidende war, ‚erwachsenere' Software zu verkaufen. Nintendos restriktive Lizenzbedingungen umfassten auch tiefe Eingriffe in die Spielinhalte.

> „Die strikte Kontrolle Nintendos über alle für das NES veröffentlichten Spiele bedeutete allerdings eine ganz bestimmte Art von Qualität. Das Alter von Nintendos Zielgruppe wurde zwischen acht und vierzehn Jahren definiert. Also mussten alle Spiele auch für Achtjährige geeignet sein beziehungsweise so aussehen, wie Nintendo dieses Attribut definierte." (Lischka, 2002: 61)

Jegliche religiösen Anspielungen waren verboten, auch Sex und übertriebene Gewaltdarstellungen waren tabu. Sega hingegen setzte auf ein älteres Publikum. Dank aggressivem Marketing und Werbung, die bei MTV statt im Kinderprogramm lief, schaffte es das Unternehmen, *Games* als ein erwachsenes, ‚cooles' Medium zu etablieren. Noch dazu wurde mit *Sonic*, dem Igel mit „attitude" (Kent, 2001a: 429), ein Maskottchen geschaffen, welches für Sega dieselbe Funktion erfüllte wie *Mario* für Nintendo und half, dem Unternehmen eine eigene Identität zu verleihen.

Nintendo konterte mit neuer Hardware; die Verantwortlichen sahen endlich ein, dass das NES seinen Zenit überschritten hatte. 25 Monate nach Vorstellung des Mega Drive wurde 1990 das SNES (Super Nintendo Entertainment System) in Japan veröffentlicht; 1991 erschien es in den USA und 1992 in Europa. Trotz der späten Veröffentlichung verkaufte sich das System hervorragend. Seine unangefochtene Monopolstellung sollte Nintendo jedoch nicht wieder erreichen, Sega hatte sich als zweite Kraft auf dem Markt etabliert.

Dies lag auch an der hohen Qualität mancher Sega-Titel. Wie die *Mario*-Spiele war auch *Sonic* ein *Jump'n'Run*, doch es war schnell und rasant.

> „Sonic traveled through a surreal world designed to show speed. His two-dimensional side-scrolling environment included loops, steep cliffs, and pinball-esqe bumpers from which he could launch at high speeds. Compared to *Sonic*

The Hedgehog, even the fastest racing games of the time seemed slow." (Kent, 2001a: 430)

Viele Sega-Spiele waren zudem gewagter. Surreale *Games* wie *ToeJam & Earl*, in welchem zwei chaotische Aliens vom Planeten Funkotron Teile ihres Raumschiffs zusammensuchen müssen, waren auf Nintendo-Konsolen schwer vorstellbar; ein Konzept, welches gut in das aggressive Marketing passte. Hinzu kam ein Fokus auf (oft lizenzierte) Sportspiele – die *Madden*-Serie, NHL-Hockey, NBA-Basketball, Fußball etc. – welche ebenfalls ein älteres Publikum ansprachen. So schaffte es Sega, die Demographie des Marktes zu verschieben.

„Sega turned to a noisy underground image ... [and] was becoming cool to high-school students, and the cooler Sega became, the less people were ready to admit that they liked Nintendo." (Kent, 2001a: 449)

In gewisser Weise war es wie in den 1960ern:

„Already by this stage a great number of teenagers were more interested in videogames than in pop music. And Nintendo and Sega inspired a fanatical loyalty. They were the Beatles and Stones of the late 1980s and early 1990s. Nintendo was the Beatles: wholesome fun for all the family, with superior artistry but a slightly ‚safe‘ image; Sega, on the other hand, were the snarling, street-smart gang, roughing it up for the hardcore videogame fans." (Poole, 2000: 4)

Die Unterschiede in den Strategien wurden besonders durch die 1993 für beide Konsolen erschienene Umsetzung des Arcade-Erfolges *Mortal Kombat* deutlich. Das Prügelspiel setzte vor allen Dingen auf Brutalität; nach einem gewonnenen Kampf konnte man seinem Gegner durch eine bestimmte Tastenkombination auf drastische Weise ins Jenseits befördern. Während die Sega-Version in allen Belangen minutiös umgesetzt wurde und die Köpfe rollten, musste die SNES-Version aufgrund von Nintendos Firmenpolitik zensiert werden. Das Ergebnis war, dass sich die Umsetzung für den Mega Drive dreimal besser verkaufte[59] (vgl. Kent, 2001a: 466).

1993 hatten Nintendo und Sega den Markt unter sich aufgeteilt. In den USA hatte Sega einen Marktanteil von 45 Prozent, Nintendo lag mit

---

[59] Konsequenterweise vergaß Nintendo bei *Mortal Kombat II* seine moralischen Grundsätze. Ab sofort floss auch auf dem SNES Blut.

44 Prozent fast gleichauf. In Europa führte Sega mit 66 Prozent, während in Japan Nintendo dominierte (vgl. Lischka, 2002: 62). Wie auch immer man Segas Strategie bewerten will, das Unternehmen ebnete neuen Demographien, die keine Erfahrung mit PCs hatten, den Weg zu digitalen Spielen – und zur PlayStation (vgl. ebenda). An ihrem Anfang allerdings stand eine Kollaboration von Nintendo und Sony.

Sowohl Nintendo als auch Sega arbeiteten Anfang der 90er Jahre an Erweiterungen für ihre Hardware, um ein für Konsolen neues Trägermedium zu nutzen: Die CD-ROM. Cartridges hatten gegenüber CDs zwar den Vorteil, dass sie Spiele ohne lästige Wartezeiten abspielten; allerdings waren die optischen Datenträger billiger herzustellen und fassten 320 mal mehr Daten. Dieser Umbruch versprach natürlich auch völlig neue Spielkonzepte. Sega veröffentlichte bereits 1991 ein CD-ROM-Laufwerk. Das Mega CD (bzw. Sega CD in den USA) konnte an die Mega-Drive-Konsole angeschlossen werden und verfügte sogar über einen zweiten Prozessor.

> „Da jedoch nur ein kleiner Teil der Mega-Drive-Kunden mit CD-ROM aufrüstet, bleibt der Markt für ein ernsthaftes Engagement der Firmen zu klein: kaum ein Entwickler möchte den Massenspeicher und die Power der doppelten CPU nützen. Schon wenige Monate nach dem Debüt ... gilt das System als Flop." (Forster, 2004: 69)

Nintendo entschied sich unterdessen für eine Zusammenarbeit mit Sony, um ein CD-ROM-Laufwerk für das SNES zu entwickeln. Die Allianz wurde am 1. Juni 1991 auf der Consumer Electronics Show in Chicago bekannt gegeben. Im Januar 1992 verkündete Nintendo, dass das Zusatzgerät namens PlayStation noch im selben Jahr veröffentlicht werde. Allerdings erwies sich Sony als äußerst ambitionierter Partner.

> „Sony executives had already revealed plans to release their own CD-based video game system ... and Nintendo executives wondered about the wisdom in giving them access to Nintendo's system by having Sony make a Super NES-compatible CD drive." (Kent, 2001a: 452)

Die Kooperation zerbrach, und obwohl sich Nintendo in der Folgezeit für eine Zusammenarbeit an Philips wandte, erschien das geplante CD-

ROM-Laufwerk nie. Sony jedoch wurde zur stärksten Kraft auf dem Markt digitaler Spiele.

Das Unternehmen ergriff die Chance und stellte 1994 sein Debüt auf dem Konsolenmarkt vor: Die PlayStation wurde zu einer der erfolgreichsten Plattformen aller Zeiten; weltweit wurden mehr als 100 Millionen Exemplare verkauft (vgl. Wikipedia.org, 12.03.2010). Gründe für diesen Erfolg gab es viele. Neben der beeindruckenden Technik, welche besonders bei 3D-Spielen glänzte, konnte Sony von Anfang an mit einem reichhaltigen Softwareangebot aufwarten. Dies lag unter anderem an den vorteilhaften Lizenzbedingungen.

> „Die PlayStation war zum einen wegen ausgezeichneter Entwicklerwerkzeuge einfach zu programmieren, zum anderen war die Lizenzgebühr von 10 Dollar pro CD-ROM sehr moderat. 100 Spielehersteller hatten schon vor dem Start der PlayStation in den Vereinigten Staaten einen Lizenzvertrag mit Sony unterzeichnet. 300 Spiele waren da bereits fest eingeplant." (Lischka, 2002: 63-64)

Zudem bot die PlayStation durch ihre Technik auch neue künstlerische Möglichkeiten. Dies bewog beispielsweise den Hersteller der populären *Final-Fantasy*-Rollenspielserie, das japanische Unternehmen Square, seine neuesten Abenteuer von nun an nicht mehr auf Nintendo-Konsolen zu veröffentlichen, sondern bei Sony. Allein diese Entscheidung bescherte Sony in Japan mehr als eine Million neuer Kunden (vgl. Forster, 2004: 95). Durch die erfolgreichen Verkäufe im Softwaresektor verdiente Sony außerdem so viel Geld, dass der Preis für die PlayStation immer mehr gesenkt werden konnte.

Vor allen Dingen aber wurde die Konsole von vornherein als reine Spielkonsole für Erwachsene vermarktet (vgl. computerspielemuseum.de, 14.03.2010g)[60]: „[O]ne company has done more than any other over the last six years to stake out videogames' huge place in adult popular culture: Sony, manufactures of the PlayStation." (Poole, 2000: 6) Was Sega begann, führte Sony konsequent weiter. Die PlayStation war Pop. Einer der ersten Titel, *WipEout*, brillierte mit einem imposanten Techno-Soundtrack; *Orbital, Leftfield,* die *Chemical Brothers*, sie alle tru-

---

[60] Es gibt auch Vermutungen, nach denen sich die PlayStation durchsetzen konnte, weil es relativ leicht war, Kopien von Spielen anzufertigen.

gen ihren Teil dazu bei, dass die Konsole mit hipper *Dance Culture* verbunden wurde. Auch die Soundtracks der *WipEout*-Sequels waren „cleverly poised between cutting-edge and mass-appeal dance music" (ebenda: 7). *Early Adopters* wie die Band *Massive Attack*, die ihre PlayStations auf einer Japantour gekauft hatten, wurden zum Sprachrohr der Marke.

„Sony targeted the youth market with intelligent aggression. During the 1995 Glastonbury Festival, they distributed thousands of perforated cards adorned with PlayStation logos, which could be torn up to make convenient roaches for marijuana joints – or, as Sony claimed, to dispose of chewing gum." (ebenda)

Sega veröffentlichte fast zeitgleich mit der PlayStation den Saturn. Auch dieser setzte auf CD-ROM-Technologie, fand aber nicht den erhofften Anklang bei den Spieleherstellern. Man ging „wie selbstverständlich davon aus, dass sich die Spielentwickler für ihre neue Konsole begeistern würden und tat wenig, um bereits im Vorfeld eine gute Versorgung mit Spielen sicherzustellen. Dies spiegelte sich auch in der schlechten Qualität der von Sega angebotenen Spielentwickler-Programme für den Saturn wieder" (computerspielemuseum.de, 14.03.2010f). Noch dazu sah man sich hilflos dem von Sony gestarteten Marketing- und Preiskrieg gegenüber. So kostete der Saturn bei der Markteinführung in den USA 100 Dollar mehr als die PlayStation.

1996 verabschiedete sich auch Nintendo endgültig von der alten Konsolengeneration und stellte den SNES-Nachfolger N64 (Nintendo 64) vor. Vollends in der Zukunft war das Unternehmen trotzdem noch nicht angekommen. Im Gegensatz zur Konkurrenz von Sony und Sega setzte man weiterhin auf *Cartridges*, eine umstrittene Strategie.

„Während PlayStation-Spiele auf CDs verkauft werden, bürdet Nintendo seinen Partnern eine kopiersichere aber teure Technik auf. Da Module in der Regel nur 8 oder 16MB fassen, verliert Nintendo Fremdhersteller, die mehr Speicherplatz brauchen, z.B. die Rollenspielmacher Square und Enix. Nintendo verweist darauf, dass Module dem Spieler Ladezeit ersparen, kann die CD-Revolution aber nicht stoppen." (Forster, 2004: 98)

Trotz der Schwierigkeiten, Fremdhersteller zu finden, schaffte es Nintendo, das Gerät im Westen – vor allen Dingen in den USA – zu etablieren. Einer der Hauptgründe waren die von Nintendo selbst entwickelten Titel, wie beispielsweise das wegweisende *Super Mario 64* oder das nicht minder bahnbrechende *The Legend of Zelda: Ocarina of Time.* Trotz dieser visionären Spiele war Sony deutlich erfolgreicher; erstmals war Nintendo nicht mehr Marktführer. Leidtragender war Sega, welches Marktanteile an beide Unternehmen abgeben musste. Interessanterweise kam das N64 in Japan nie über ein Nischendasein hinaus. Insgesamt verkaufte es sich dort 5,54 Millionen Mal. In den USA hingegen fanden sich 20,63 Millionen Käufer (vgl. nintendo.co.jp, 12.03.2010).

„Die Rangfolge auf dem Videospielmarkt hatte sich ... umgekehrt: Nach Sony kam Nintendo, dann lange nichts mehr und irgendwann Sega." (Lischka, 2002: 64) Die Geschichte wiederholte sich: erst verdrängte Nintendo den Monopolisten Atari, dann brach Sega „mit einer neuen, erwachseneren, elaborierteren Produktphilosophie das Monopol und zeigte, dass Platz genug für zwei Konkurrenten ist" (ebenda: 63). Ironischerweise bewies kaum zehn Jahre später das inzwischen satte Unternehmen Sega, dass der Markt für drei Konkurrenten zu klein war.

In der Zwischenzeit hatte sich auch der PC als ernstzunehmende Spieleplattform etabliert. Dank Zubehör wie Soundkarten und Erweiterungen zur besseren Visualisierung von *Games* sowie der CD-ROM-Technologie konnte er ab Anfang der 1990er Jahre mit neuen Welten und Erlebnissen aufwarten. Während sich Mega Drive und SNES noch eine Schlacht um Marktanteile lieferten, gab es auf dem PC bereits spektakuläre 3D-Echtzeitgrafik. Als Konsolenspieler musste man hierfür erst auf die PlayStation oder den Saturn warten. Besonders zwei Spiele sollten sich als ‚Killer-Applikationen' zur Durchsetzung des Multimedia- bzw. Spiele-PCs erweisen: Das ruhige Adventure *Myst* sowie der rasante Ego-Shooter *DOOM.*

Das 1993 erstmals erschienene *Myst,* welches nur auf CD-ROM veröffentlicht wurde, setzte neue ästhetische Maßstäbe.

„Das grafisch und technisch opulente Spiel mit seinen vielen Texturen und Objekten war eine Herausforderung für alle phantasiebegabten und aufmerksamen Spieler." (Wirsig, 2003: 323)

Diese erwartete eine surreale Umgebung, phantasievolle Details, eine audiovisuell beeindruckende Inselwelt – und jede Menge Rätsel bei eingeschränkter Bewegungsfreiheit. Das ebenfalls 1993 veröffentlichte *DOOM* hingegen glich eher einem virtuellen Alptraum.

> „Der Spieler kämpfte gegen Zombie-Soldaten, Feuer speiende Monster und Dämonen. Dazu hatte er verschiedene Waffen zur Verfügung, die Umgebung sah man in äußerst realistischen 3D-Grafiken." (ebenda: 134)

Die für die damalige Zeit optisch und akustisch perfekte Inszenierung dieser Extremsituation setzte Maßstäbe – nicht nur bei Geschwindigkeit und *Gameplay*, sondern, laut besorgten Jugendschützern, auch bei der Darstellung von Gewalt. Trotzdem, oder gerade deshalb, „*Doom* set a precedent for computer games. It established the first 3D first-person shooter genre, a popular style of gaming that would top the bestseller lists for years. Though it was not the first first-person shooter, it set the standard" (Kent, 2001a: 459).

Auf dem Konsolenmarkt gelang es Sony unterdessen, seine Vormachtstellung zu halten. Das alte Erfolgsrezept aus guter Technik, großer Spieleauswahl und geschicktem Marketing sicherte auch die Vormachtstellung der PlayStation 2. Sony „stemmt den größten Kraftakt in seiner Firmengeschichte und veröffentlicht das Gerät innerhalb von neun Monaten weltweit ... Im Vergleich zur ersten PlayStation pumpt Sony diesmal die dreifache Gerätemenge in den Handel und verkauft im ersten Jahr 20 Millionen Konsolen" (Forster, 2004: 108). Zudem war die PlayStation 2 die erste Konsole, welche abwärtskompatibel zu den Spielen ihres Vorgängers war, so dass bereits beim Start mehr als 1.000 Titel zur Verfügung standen. Die Fähigkeit DVDs abzuspielen, tat ihr Übriges: Alle namhaften Spieleentwickler unterstützten die Plattform.

Konkurrenz bekam die PlayStation 2 durch Microsofts Xbox und Nintendos Gamecube, welche beide im Jahr 2001 erschienen. Nach Jahren der japanischen Vorherrschaft versuchte sich nun wieder ein amerikanischer Hersteller im Konsolengeschäft. Zudem konnte Microsoft es sich nicht erlauben, das Wohnzimmer anderen zu überlassen; der Kampf ums Büro war gewonnen, jetzt wollte Bill Gates auch bei der Freizeitgestaltung mitreden. Die einem PC sehr ähnliche Technikarchitektur der Xbox war der PlayStation 2 überlegen; eine 10-Gigabyte-Festplatte sowie ein Modem für den Online-Dienst *Xbox Live* waren im Preis inbegriffen. Dieser jedoch war in Europa 70 Prozent höher als in den USA (vgl. ebenda: 113). Microsoft sah sich zu Preisnachlässen gezwungen, um den schleppenden Verkauf anzukurbeln. Der japanische Markt stieß sich derweil am klobigen Design der Konsole und einem Spieleangebot, welches eher auf den westlichen Markt zugeschnitten war. Die Folge war, dass sich die PlayStation 2 in Nippon zehnmal besser verkaufte (vgl. ebenda).

Japan bescherte auch dem Gamecube höhere Verkaufszahlen als der Xbox. Nintendos erste Konsole für optische Datenträger war allerdings eine reine Spielmaschine; sie spielte keine DVDs, es gab keine Ethernet-Schnittstelle und keine USB- oder Firewireanschlüsse. Technisch der Konkurrenz durchaus ebenbürtig, konnte auch der Gamecube nicht mehr an alte Erfolge anknüpfen. Spielinhalte, welche die adoleszenten ‚Hardcore Gamer' nicht ansprachen, mangelnde Online-Unterstützung sowie ein exotisches Speicherformat, welches im Gegensatz zu den von Sony und Microsoft verwandten DVDs nur 1,5 Gigabyte fassen konnte, waren mögliche Gründe. In der Zwischenzeit hatte sich der ehemalige Rivale Sega komplett vom Hardwaremarkt zurückgezogen. Die 1998 veröffentliche Konsole Dreamcast wurde zu einem Misserfolg und Sega wandelte sich zur reinen Software-Firma, welche seine erprobten Marken und Spiele auf den Konsolen der Mitbewerber umsetzte, darunter auch Nintendo.

Klarer Gewinner dieser Konsolengeneration war Sony. Mit mehr als 140 Millionen verkauften Exemplaren wurde die PlayStation 2 mit Abstand zur erfolgreichsten Konsole aller Zeiten (vgl. Wikipedia.org, 15.03.2010). Dies war auch Sonys Strategie geschuldet, bisher unerreichte Demographien anzusprechen. Konzepte wie unkompliziert zu handhabende Karaokespiele *(Singstar)* wurden auch von Menschen gespielt, denen die Welt der Videospiele bis dato eher fremd war. Dieser Ansatz wurde von Nintendo konsequent weitergeführt. Die 2006 vorgestellte Wii-Konsole verfügt über ein neuartiges Bedienkonzept, bei welchem die Bewegungen mit der *Wiimote*, einer Art Fernbedienung, in das

Spiel übertragen werden. Sie wird zum Golfschläger, Lenkrad und Gewehr – diese Art des Spielens ist ungleich zugänglicher und stemmt sich gegen die Konnotation von Videospielen als ein Medium adoleszenter Männer. Auch Zubehör wie das *Balance Board*, eine Art Waage, mit welcher durch Verlagerung des Körpers Spiele gesteuert werden können, trägt zur weiteren Popularität der Plattform bei: Wii-Konsolen finden sich mittlerweile selbst in Altenheimen und Schulen. Trotz im Vergleich zur Konkurrenz unterlegener Technik sicherte diese Strategie Nintendo erstmals seit den frühen 1990er Jahren wieder die Marktführerschaft.

Diese war bei den tragbaren Konsolen nie gefährdet. Mit der Vorstellung des Nintendo DS wurde sie sogar noch nachhaltig zementiert. Aufgrund seiner ungewöhnlichen Features zunächst kritisch beäugt – das DS besitzt zwei Bildschirme, einer davon ein berührungsempfindlicher Touchscreen – verkaufte sich die Plattform mehr als 125 Millionen Mal (vgl. Nintendo.co.jp, 12.03.2010). Auch bei diesem Erfolg spielten Inhalte eine Rolle, welche sich an ein breiteres Spektrum von Spielern richteten bzw. an bisher vernachlässigte Gruppen: So haben Gamer die Wahl zwischen Hundesimulationen *(Nintendogs)* und Titeln, welche vorgeben, das Gehirn zu stimulieren *(Dr. Kawashimas Gehirnjogging)*.

Microsoft übernahm währenddessen die Führung auf dem Gebiet der ‚traditionellen‘ Konsolen. Die 2005 veröffentlichte Xbox 360 wurde zur bevorzugten Plattform von Spielern etablierter Genres. Weit mehr als die Wii bot die Xbox 360 männlichen Phantasien eine Heimat; entsprechend fiel – mit Ausnahmen – das (qualitativ hochwertige) Spieleangebot aus. Über die robuste Infrastruktur von *Xbox Live* kann man sich im Internet mit anderen Spielern in (Ego-)Shootern wie *Halo 3*, *Call of Duty: Modern Warfare* oder *Gears of War* messen. Allerdings hatte Microsoft in dem Bestreben, noch vor der Konkurrenz eine neue Konsolengeneration herauszubringen, dem Fertigungsprozess nicht genügend Sorgfalt zukommen lassen. Wegen schlampiger Verarbeitung starben viele Konsolen den Hitzetod; eine erweiterte Garantie kostete den Konzern mehr als eine Milliarde Dollar.

Sony konnte hieraus keinen Profit schlagen. Aufgrund von Problemen mit ihrer komplexen Technikarchitektur erschien die PlayStation 3 erst Ende 2006. Auch wenn die Konsole sich etablieren konnte, war sie –

trotz der Fähigkeit, Blue-Ray-Discs abspielen zu können – nicht so erfolgreich wie die Xbox 360. Viele vormals PlayStation-exklusive Titel konnten jetzt auch auf Microsofts Konsole gespielt werden (beispielsweise die GTA-Serie); vor allen Dingen aber schreckte viele Konsumenten der hohe Preis ab. Erst nach Preissenkungen konnte die PlayStation 3 zur erfolgreichen Aufholjagd ansetzen.

Leidtragender dieser Entwicklung zu den Konsolen war der PC. Trotz nach wie vor hoher Beliebtheit, vor allen Dingen in Deutschland, verlor er beständig Marktanteile (vgl. Bouncken, Müller-Lietzkow & Seufert, 2006: 51). Auf der anderen Seite trifft dies nur auf Teilaspekte zu; so ist der Markt für netzbasiertes Spielen auf PCs einer der stärksten Wachstumssegmente der Branche überhaupt. Allein *World of Warcraft* wird von mehr als 11,5 Millionen Menschen gespielt (vgl. Wow.com, 15.03.2010). Dazu kommen Titel, welche im Internet-Browser oder in sozialen Netzwerken gespielt werden. So erreicht *FarmVille*, eine Applikation für Facebook, ca. 83 Millionen Nutzer (vgl. Kotaku.com, 15.03.2010a), davon viele, die sich bisher wenig für das Medium interessiert haben. Zum Vergleich: Die Xbox 360 hat sich bis Ende 2009 bisher ca. 39 Millionen Mal verkauft (vgl. Kotaku.com, 15.03.2010b).

Auch auf anderen Plattformen wird immer mehr gespielt. Apple hat es geschafft, App-Store sei Dank, das iPhone (bzw. den iPod Touch) erfolgreich als Spielgerät zu positionieren. Doch nicht nur Steve Jobs profitiert, die Branche als Ganzes verzeichnet steigendes Wachstum. Ähnlich wie bei Wachstumssegmenten auf dem PC erfreuen sich auch hier so genannte *Casual Games* großer Beliebtheit, also Titel mit einfachen Spielprinzipien und niedriger Zugangsschwelle (ein Umstand, der natürlich auch technischen Limitierungen geschuldet ist).

Eins wird deutlich: Digitale Spiele sind nicht mehr wegzudenken. Sie durchdringen unseren Alltag bis zu einem Punkt, wo das Leben selbst immer mehr einem Spiel ähnelt. Anwendungen wie *Foursquare* oder *Gowalla*, *location-based social networks*, bei denen der Nutzer seiner Umwelt über ein Handy seine momentane Position angibt, machen es vor. Checkt man an bestimmten Orten ein, so gewinnt man Punkte und Abzeichen, so genannte *badges*; beispielsweise ein *crunked* Abzeichen, wenn man an einem Abend in vier verschiedene Bars eincheckt.

Hält man sich oft an einem Ort auf, so wird man *Mayor*, der Bürgermeister des Cafés um die Ecke oder seiner Lieblingskneipe. Alles wird spielerisch gehandhabt, man folgt Regeln, tritt gegen andere Benutzer an, probiert seinen Punktestand zu maximieren, Auszeichnungen für erreichte Spielziele zu bekommen und alle als *Mayor* zu übertrumpfen. Es ist, als ob man seine Initialen auf einem alten Arcade-Automaten verewigt und Punktestände vergleicht, nur basieren hier die Punkte auf dem eigenen Leben. Digitale Spiele sind wahrlich das Leitmedium des 21. Jahrhunderts.

6.   Fazit

Digitale Spiele haben einen weiten Weg hinter sich. Mit *Tennis for Two* und *Spacewar!* fing es an, *Pong* brachte ein rasantes Wachstum. Dank Atari entwickelte sich eine Milliarden-Dollar-Industrie, die selbst in die DDR strahlte, aber an ihrer eigenen Gier zu Grunde ging. Während so „the golden age of video games" im Westen gerade sein Ende fand, fing es im Osten, KC-Reihe und Poly-Play sei Dank, erst an.

Wie gesehen, war der Umgang mit Spielen im Osten ein anderer. Schon damals war das Medium Bestandteil der offiziellen Kultur(politik) Doch es war eben auch Teil des Systems. Spiele erfüllten in ihm mehrere Funktionen. Durch sie erkaufte sich die Diktatur die Zustimmung der Bürger; sie waren letzten Endes auch eine Konsequenz des nie überwundenen Traumas von 1953. Dieses bedingte die Honeckersche Einheit von Wirtschafts- und Sozialpolitik, welche eine nachhaltige Versorgung mit hochwertigen Konsumgütern gegen politische Zustimmung eintauschte. Gleichzeitig konnte die DDR nach außen demonstrieren, dass sie in der Lage war, ihre Bürger (fast) auf Weltniveau unterhalten zu können – das noch dazu in einer Art, welche nicht „imperialistische Aggression" und „Sternenkrieg" widerspiegelte und somit auch auf diesem Gebiet die vermeintliche Überlegenheit des sozialistischen Systems demonstrierte.

In gewisser Weise funktionierten die Spiele wie jedes Massenmedium in einer Diktatur: Auf lange Sicht wäre ihnen eine immer größere Bedeutung bei der Vermittlung sozialistischer Prinzipien zugekommen; sie hätten geholfen, das Eindringen des Systems in das Alltagsleben natürlicher scheinen zu lassen; sie hätten einen Raum erschaffen, in dem abweichende Meinungen nicht diskutiert, sondern entwertet wurden; sie hätten eine noch größere eskapistische Funktion erfüllt, indem sie tägliche Mangelsituation stärker verdeckt hätten; sie hätten die Transformation der Wahrnehmung von Realität vorangetrieben (vgl. Eder, 2004: 388-389). Sie waren putzig in ihrer technischen Simplizität, aber durch ihre Rolle im System nicht unschuldig.

Ebenso wichtig, wenn nicht wichtiger, war die Funktion, die speziell Computerspielen in der Rekrutierung von qualifiziertem Nachwuchs zukam. Computerisierung oder Untergang – eine Gleichung, welche sich unter sozialistischen Vorzeichen schnell entschied. Zu inflexibel war das System mit der ihm innewohnenden Innovationsfeindlichkeit, zu teuer und demotivierend das Prinzip des Nacherfindens. Unter Mithilfe von Spielen sollte hier Abhilfe geschaffen werden – indes es nützte alles nichts: Auf der einen Seite half das Medium, das System zu stützen, auf der anderen Seite brachten es Spiele, als Ergebnis milliardenschwerer Investitionen in die Mikroelektronik und eines unfinanzierbaren Sozialstaats, ironischerweise zu Fall.

Der Westen entschied den Wettlauf der Systeme für sich und auch der Markt für digitale Spiele wuchs zu neuen Größen. Nintendo revitalisierte die Videospielindustrie, und auch Computer entwickelten sich immer mehr zu Spielmaschinen. Inzwischen haben sich Spiele von primitiven bewegten Strichen, untermalt von penetrantem Piepsen, in audiovisuell perfekt gestaltete Welten verwandelt. Das Produktionsbudget mancher Titel entspricht einem Hollywood-Blockbuster, und bis zum Blockbuster *Avatar* war ein digitales Spiel – *Modern Warfare 2* – das erfolgreichste Entertainment-Produkt überhaupt.

Was in diesem Zusammenhang wünschenswert wäre, wäre eine stärkere Förderung bzw. Anerkennung des Mediums in Deutschland. Die DDR hatte seine Potentiale erkannt, es wäre begrüßenswert, wenn dies auch in einem demokratisch-marktwirtschaftlichen Rahmen passieren würde. Sicher, wie eingangs erwähnt, sind Spiele offiziell ‚Kultur', doch müssen sie es auch sein, um in Deutschland gesellschaftlich anerkannt zu werden (vgl. Schröder, 2010). Wie andere Massenkultur vor ihnen müssen sie erst einen Prozess der Nobilitierung durchlaufen, um kulturkritische Bedenken zu entkräften (vgl. ebenda). Der deutsche Markt für digitale Spiele ist in der Tat sehr groß, jedoch steht er in keinem Verhältnis zu dem Anteil deutscher Produktionen am Weltmarkt. Zwar befindet sich auch Deutschland in einem Normalisierungsprozess, der, vergleichbar mit der Entwicklung der Filmindustrie in den ersten Jahrzehnten des letzten Jahrhunderts, mit der Ausbildung von Industriestrukturen, Fachmagazinen, einer ausdifferenzierten Verbändestruktur und einer universitären Debatte einhergeht. Das meiste Geld aber geht immer noch überwiegend an ausländische Programmierer bzw. *Publisher.*

Doch nicht nur unter ökonomischen Aspekten wäre eine stärkere Auseinandersetzung mit dem Medium wünschenswert. Wie die in der Einleitung zitierte Feststellung Malte Behrmanns deutlich macht: Spiele fördern auch kulturelle Identität und Authentizität. Jedoch stellt sich hier nicht nur das Problem einer kleinen deutschen Entwicklerlandschaft, sondern auch die „durch die Eigendynamik der Globalisierung bedingte Reduktion der Inhalte von Medien" (Behrmann, 2005: 21). Hier könnte eine offizielle Förderung für Inhalte sorgen, welche nicht nur zur Vervollständigung des Angebots beitragen, sondern auch „in der Gewaltdiskussion den bislang nur wenig effektiv verbietenden Staat entlasten, in dem auch alternative Inhalte entstehen" (ebenda). Wenn wir die Marktentwicklung weiterdenken, wird der Zeitpunkt kommen, „wo wir unsere deutsche Kultur, unsere Bilder und Geschichten, verlieren werden, wenn wir sie nicht in dieses neue Medium hinübertransportieren. Sie wird einfach verschwinden, so wie die Märchen der Großmutter im Zeitalter der Alphabetisierung verschwunden wären, wenn sie nicht von den Brüdern Grimm aufgeschrieben ... worden wären" (ebenda: 23). Ein solch weitsichtiger Schritt wäre auch ein wichtiger Baustein zum Übergang in eine Ära innovativer Inhalte, von der selbst internationale *Publisher* profitieren könnten, die aufgrund ihrer Größe tendenziell weniger in der Lage sind, neue Inhalte zu generieren. Hier war die DDR dem Westen 20 Jahre voraus – leider unter dem Vorzeichen einer Diktatur.

7. Literaturverzeichnis

Baer, Ralph: „Foreword". In: Wolf, Mark J. P. (Hrsg.): The Medium of the Computer Game. Austin: University of Texas, 2001: IX-XVI

Barkleit, Gerhard: Mikroelektronik in der DDR. SED, Staatsapparat und Staatssicherheit im Wettstreit der Systeme. Dresden: Hannah-Arendt-Institut für Totalitarismusforschung e.v. an der Technischen Universität Dresden, 2000

Beer, Ulrich: „Computerspiele in der außerunterrichtlichen Tätigkeit". In: Pädagogische Hochschule „N.K. Krupskaja" Halle/Köthen (Hrsg.): Computernutzung in der außerunterrichtlichen Tätigkeit. Kurzfassung der Beiträge einer wissenschaftlich-praktischen Konferenz am 20. Oktober 1988 in Halle. Halle, 1988: 90-93

Behrmann, Malte: „Fördern statt verbieten – Eine falsche Diskussion: Thesen zur aktuellen Killerspieldebatte". In: Geißler, Theo & Zimmerman, Olaf (Hrsg.): Streitfall Computerspiele: Computerspiele zwischen kultureller Bildung, Kunstfreiheit und Jugendschutz. 2. erweiterte Auflage. Berlin: Deutscher Kulturrat, 2007: 99-101

Behrmann, Malte: Kino und Spiele. Medien in Frankreich und Deutschland. Öffentliche Förderung der Entwicklung von Computerspielen. Der Erfolg von Good Bye Lenin! in Frankreich. Stuttgart: Ibidem-Verlag, 2005

Bouncken, Ricarda B.; Müller-Lietzkow, Jörg; Seufert, Wolfgang: Gegenwart und Zukunft der Computer- und Videospielindustrie in Deutschland. Dornach: Entertainment Media Verlag, 2006

Bundesverband Interaktive Unterhaltungssoftware: Marktzahlen Computer- und Videospiele. Gesamtjahr 2008. Berlin: Bundesverband Interaktive Unterhaltungssoftware, 2008

Cornelsen, Doris: „Die Wirtschaft der DDR in der Honecker-Ära". In: Glaeßner, Gert-Joachim (Hrsg.): Die DDR in der Ära Honecker. Politik – Kultur – Gesellschaft. Opladen: Westdeutscher Verlag, 1988: 357-370

Demaria, Rusel; Wilson, Johnny Lee: HIGH SCORE. The Illustrated History of Electronic Games. 2nd Edition. Emeryville: McGraw-Hill/ Osborne, 2004

Eder, Jens: „Das populäre Kino im Krieg. NS-Film und Hollywoodkino – Massenunterhaltung und Mobilmachung". In: Segeberg, Harro (Hrsg.): Mediale Mobilmachung I. Das Dritte Reich und der Film. Mediengeschichte des Films Band 4. München: Wilhelm Fink Verlag, 2004: 379-416

Forster, Winnie: Spielkonsolen und Heim-Computer. Zweite, leicht verbesserte Auflage. Utting: Gameplan, 2004

Forster, Winnie: Computer- und Video- Spielemacher. Utting: Gameplan, 2008

Hamm, Gerhard: „Erfahrungen aus der Arbeit auf dem Gebiet der Informatik mit Schülern verschiedener Altersstufen". In: Pädagogische Hochschule „N.K. Krupskaja" Halle/Köthen (Hrsg.): Computernutzung in der außerunterrichtlichen Tätigkeit. Kurzfassung der Beiträge einer wissenschaftlich-praktischen Konferenz am 20. Oktober 1988 in Halle. Halle, 1988: 57-60

Hein, Rolf; Hoeppner, Doris; Stapel, Silke: „Von der ‚neuen ökonomischen Politik' zum wirtschaftlichen Zerfall – sozialer Anspruch und wirtschaftliche Realität in der gesamtwirtschaftlichen Entwicklung". In: Hölder, Egon (Hrsg.): Im Trabi durch die Zeit – 40 Jahre Leben in der DDR. Stuttgart: Metzler-Poeschl, 1992: 19-32

Hille, Frank: „Computerspiele (CS) – Arten, Potenzen, Perspektiven". In: Pädagogische Hochschule „N.K. Krupskaja" Halle/Köthen (Hrsg.): Computernutzung in der außerunterrichtlichen Tätigkeit. Kurzfassung der Beiträge einer wissenschaftlich-praktischen Konferenz am 20. Oktober 1988 in Halle. Halle, 1988: 79-86

Hutterer, Gerd: „Erkenntnisse und Standpunkte zur Nutzung des Computers als Arbeitsmittel in der außerunterrichtlichen Tätigkeit". In: Pädagogische Hochschule „N.K. Krupskaja" Halle/Köthen (Hrsg.): Computernutzung in der außerunterrichtlichen Tätigkeit. Kurzfassung der Beiträge einer wissenschaftlich-praktischen Konferenz am 20. Oktober 1988 in Halle. Halle, 1988: 7-18

Ihme-Tuchel, Beate: Kontroversen um die Geschichte. Die DDR. Darmstadt: Wissenschaftliche Buchgesellschaft, 2002

Kent, Steven L.: The Ultimate History of Video Games: from Pong to Pokèmon – the Story behind the Craze that Touched Our Lives and Changed the World. New York: Three Rivers Press, 2001a

Kent, Steven L.: „Super Mario Nation". In: Wolf, Mark J. P. (Hrsg.): The Medium of the Computer Game. Austin: University of Texas, 2001b: 35-48

Keßler, E.; Krätzschmer, Ch.: „Computer werden neuartige Freunde der Menschen". In: Pädagogische Hochschule „N.K. Krupskaja" Halle/Köthen (Hrsg.): Computernutzung in der außerunterrichtlichen Tätigkeit. Kurzfassung der Beiträge einer wissenschaftlich-praktischen Konferenz am 20. Oktober 1988 in Halle. Halle, 1988: 35-44

Kirchner, Otto Bernd: Wafer Stepper und Megabit-Chip. Die Rolle des Kombinats Carl-Zeiss-Jena in der Mikroelektronik der DDR. Dissertation. Stuttgart: Fakultät Geschichts-, Sozial- und Wirtschaftswissenschaften, Abteilung für Geschichte der Naturwissenschaften und Technik an der Universität Stuttgart, 2000

Klatt, Oliver: „Oliver Klatt interviewt Olaf Zimmermann". In: Geißler, Theo & Zimmerman, Olaf (Hrsg.): Streitfall Computerspiele: Computerspiele zwischen kultureller Bildung, Kunstfreiheit und Jugendschutz. 2. erweiterte Auflage. Berlin: Deutscher Kulturrat, 2008: 129-132

Krakat, Klaus: „Datenverarbeitung, Elektronische (EDV)". In: Bundesministerium für Innerdeutsche Beziehungen (Hrsg.): DDR Handbuch. 3. Auflage. Köln: Verlag Wissenschaft und Politik, 1985: 259-264

Lischka, Konrad: Spielplatz Computer: Kultur, Geschichte und Ästhetik des Computerspiels. Heidelberg: Heise, 2002

Maier, Charles S.: Das Verschwinden der DDR und der Untergang des Kommunismus. Frankfurt am Main: S. Fischer Verlag, 1999

Meuschel, Sigrid: „Symbiose von Technik und Gemeinschaft. Die Reformideologie der SED in den sechziger Jahren". In: Emmerich, Wolfgang & Wege, Carl (Hrsg.): Der Technikdiskurs in der Hitler-Stalin-Ära. Stuttgart: Verlag J.B. Metzler, 1995: 203-230

Müller, Margit; Hutterer, Jens; Voelker, Ira: „Erziehungswirksame Nutzung des Computers in Pionierkollektiven der Klassen 3 und 4". In: Pädagogische Hochschule „N.K. Krupskaja" Halle/Köthen (Hrsg.): Computernutzung in der außerunterrichtlichen Tätigkeit. Kurzfassung der Beiträge einer wissenschaftlich-praktischen Konferenz am 20. Oktober 1988 in Halle. Halle, 1988: 49-51

Nürnberger, Karl-Heinz: „Der Computer – Gegenstand wissenschaftlich-technischer Freizeitinteressen der Schuljugend". In: Pädagogische Hochschule „N.K. Krupskaja" Halle/Köthen (Hrsg.): Computernutzung in der außerunterrichtlichen Tätigkeit. Kurzfassung der Beiträge einer wissenschaftlich-praktischen Konferenz am 20. Oktober 1988 in Halle. Halle, 1988: 18-25

Poole, Steven: Trigger Happy. Video Games and the Entertainment. Revolution. New York: Arcade Publishing, 2000

Salomon, Peter: Die Geschichte der Mikroelektronik-Halbleiterindustrie in der DDR. Dessau: Funk Verlag, 2003

Schröder, Jens: ‚Killer Games' versus ‚We Will Fund Violence'. The Perception of Digital Games and Mass Media in Germany and Australia. Dissertation zur Erlangung des akademisches Grades eines Doktors der Philosophie der Medienwissenschaftlichen Fakultät der Hochschule für Film und Fernsehen „Konrad Wolf" Potsdam-Babelsberg, 2010.

Sellers, John: Arcade Fever. The Fan's Guide to the Golden Age of Video Games. Philadelphia: Running Press Book Publishers, 2001

Steiner, André: Von Plan zu Plan. Eine Wirtschaftsgeschichte der DDR. München: Deutsche Verlags-Anstalt, 2004

Stock, Simon: Spiel nicht mit den Schmuddelkindern. Wie Tageszeitungen über Computerspiele berichten. Saarbrücken: VDM Verlag Dr. Müller, 2009

Waterkamp, Dietmar: „Bildungswesen und Bildungspolitik seit 1970". In: Glaeßner, Gert-Joachim (Hrsg.): Die DDR in der Ära Honecker. Politik – Kultur – Gesellschaft. Opladen: Westdeutscher Verlag, 1988: 531-543

Wirsig, Christian: Das große Lexikon der Computerspiele. Spiele, Firmen, Technik, Macher. Berlin: Schwarzkopf und Schwarzkopf Verlag, 2003

Weber, Hermann: „Wandlungen im Selbstverständnis der SED unter Honecker". In: Glaeßner, Gert-Joachim (Hrsg.): Die DDR in der Ära Honecker. Politik – Kultur – Gesellschaft. Opladen: Westdeutscher Verlag, 1988: 284-296

Völz, Horst: „Zu einigen Aspekten der Ausbildung auf dem Gebiet der Informatik". In: Pädagogische Hochschule „N.K. Krupskaja" Halle/Köthen (Hrsg.): Computernutzung in der außerunterrichtlichen Tätigkeit. Kurzfassung der Beiträge einer wissenschaftlich-praktischen Konferenz am 20. Oktober 1988 in Halle. Halle, 1988: 31-35

Wolf, Mark J. P.: „Introduction". In: Wolf, Mark J. P. (Hrsg.): The Medium of the Computer Game. Austin: University of Texas, 2001: 1-10

Zimmermann, Hartmut: „Machtverteilung und Partizipationschancen. Zu einigen Aspekten des politisch-sozialen Systems in der DDR". In: Glaeßner, Gert-Joachim (Hrsg.): Die DDR in der Ära Honecker. Politik – Kultur – Gesellschaft. Opladen: Westdeutscher Verlag, 1988: 214-283

Internet

Computerspielemuseum.de: „Atari ST", 2010 <http://www.computerspiel emuseum.de/index.php?lg=de&main=Spielmaschinen&site=04:01 :00&id=67&part=30> (Zugriff am 14.03.2010a)

Computerspielemuseum.de: „BSS01", 2010 <http://www.computerspiele
museum.de/index.php?lg=de&main=Spielmaschinen&site=04:01:0
0&id=55&part=20> (Zugriff am 14.03.2010b)

Computerspielemuseum.de: „Commodore Amiga", 2010 <http://www.co
mputerspielemuseum.de/index.php?lg=de&main=Spielmaschinen
&site=04:01:00&id=68&part=40> (Zugriff am 14.03.2010c)

Computerspielemuseum.de: „Commodore C64", 2010 <http://www.comp
uterspielemuseum.de/index.php?lg=de&main=Spielmaschinen&sit
e=04:01:00&id=60&part=30> (Zugriff am 14.03.2010d)

Computerspielemuseum.de: „Commodore VC 20", 2010 <http://www.co
mputerspielemuseum.de/index.php?lg=de&main=Spielmaschinen&
site=04:01:00&id=54&part=20> (Zugriff am 14.03.2010e)

Computerspielemuseum.de: „Sega Saturn", 2010 <http://www.computers
pielemuseum.de/index.php?lg=de&main=Spielmaschinen&site=04
:01:00&id=86&part=50> (Zugriff am 14.03.2010f)

Computerspielemuseum.de: „Sony Playstation", 2010 <http://www.comp
uterspielemuseum.de/index.php?lg=de&main=Spielmaschinen&sit
e=04:01:00&id=88&part=60> (Zugriff am 14.03.2010g)

Computerspielemuseum.de: „VEB Mikroelektronik", 2010 <http://www.co
mputerspielemuseum.de/index.php?lg=de&main=Spielmaschinen
&site=04:01:00&id=76&part=40> (Zugriff am 14.03.2010h)

Computerspielemuseum.de: „VEB Robotron KC 87", 2010 <http://www.c
omputerspielemuseum.de/index.php?lg=de&main=Spielmaschine
n&site=04:01:00&id=73&part=40> (Zugriff am 14.03.2010i)

Investor.activision.com: „FORM 10-K. ANNUAL REPORT PURSUANT
TO SECTION 13 OR 15(d) OF THE SECURITIES EXCHANGE
ACT OF 1934. For the fiscal year ended December 31, 2009",
2010 <http://investor.activision.com/secfiling.cfm?filingID=1047469
-10-1649> (Zugriff am 08.03.2010).

Investor.ea.com: „Investor Relations", 2010 <http://investor.ea.com>
(Zugriff am 14.03.2010)

Kc85emu.de: „Download: Programme", 2009 <http://www.kc85emu.de/D ownload/Download3.htm> (Zugriff am 12.03.2010)

Kotaku.com: „The Next Big Thing In Video Games Might Be Fear Of Embarrassment", 2010 <http://kotaku.com/5481255/the-next-big-thing-in-video-games-might-be-fear-of-embarrassment> (Zugriff am 15.03.2010a)

Kotaku.com: „Xbox 360: 39 Million Consoles Sold, Only Half Are On Xbox Live", 2010, <http://kotaku.com/5442283/xbox-360-39-million-consoles-sold-only-half-are-on-xbox-live?tag=recent_news;title;5> (Zugriff am 15.03.2010b)

Kretschmer: „Überblick zur Geschichte des Kombinates Robotron", 2010 <http://robotron.foerderverein-tsd.de/10.html> (Zugriff am 14.03.2010)

Lange, Andreas: „Computer- und Videospiele in der DDR", 1998 <http://www.telepolis.de/r4/artikel/3/3249/1.html> (Zugriff am 14.03.2010)

Leppin, Lars; Schnabel, Tom: „Informatik und Rechentechnik in der DDR", 1999 <http://waste.informatik.hu-berlin.de/Diplom/robotron/s tudienarbeit/files/frames.html> (Zugriff am 14.03.2010)

Nintendo.co.jp: „Consolidated Sales Transition by Region", 2010 <http://www.nintendo.co.jp/ir/library/historical_data/pdf/consolidate d_sales_e0912.pdf> (Zugriff am 12.03.2010)

Polyplay.de: „ Allgemein", 2010 <http://polyplay.de/?m1=info&m2=intro> (Zugriff am 14.03.2010a)

Polyplay.de: „Technik", 2010 <http://polyplay.de/?m1=info&m2=technik> (Zugriff am 14.03.2010b)

Robotrontechnik.de: „Kleincomputer aus Dresden", 2010 <http://www.rob otrontechnik.de> (Zugriff am 14.03.2010a)

Robotrontechnik.de: „ Kleincomputer aus Mühlhausen", 2009 <http://ww w.robotrontechnik.de> (Zugriff am 14.03.2010b)

Robotrontechnik.de: „Spielautomat Polyplay", 2009 <http://www.robotron technik.de>, (Zugriff am 14.03.2010c)

Salomon, Peter: „PS-Insidergeschichte zum BSS 01", 2010 <http://www.r obotron-net.de/images/sonst/BSS-01.pdf> (Zugriff am 14.03.2010)

Wikipedia.org: „PlayStation" 2010 <http://en.wikipedia.org/wiki/Playstatio n: PlayStation> (Zugriff am 12.03.2010)

Wikipedia.org: „PlayStation 2", 2010 <http://en.wikipedia.org/wiki/PlaySta tion_2> (Zugriff am 15.03.2010)

Wikipedia.org: „River Raid", 2010 <http://de.wikipedia.org/wiki/River_Rai d: River Raid> (Zugriff am 14.03.2010)

Winter, David: „Pong in a Chip", 2010 <http://www.pong-story.com/gi.ht m> (Zugriff am 14.03.2010)

Wow.com: „Activision conference call: WoW still at 11.5 million subscrib-ers" 2009 <http://www.wow.com/2009/05/07/activision-conference-call-wow-still-at-11-5-million-subscriber/>, (Zugriff am 15.03.2010)

Zeitschriften

Elschner, T.: „Optoelektronisches Jagdspiel". In: Funkamateur 4/1986: 190-192

Funkamateur, 2/1987, „Kleinanzeigen": 101-102

Grohé, Moses; Wildermann, Georg: „Bildschirmtext". In: GEE, Januar 2005: 50-53

Mischke, Thilo: „Planspiel Ost". In: GEE, November 2004: 54-62

Noll, F.: „Bomben, ballern, metzeln...". In: Funkamateur 11/1989: 528-529

o.A.: „Nazi-Software in der BRD und in Westberlin". In: Funkamateur 7/1988: 321-323

Schiller, Eckhard: „Realisierung von Bildschirmspielen". In: rfe 33, 1984: 84-86

Schlenzig, Klaus: „Erweiterungen zum Bildschirmspiel BSS 01". In: rfe 31, 1982: 523

Spielberg, W.: „Erweiterung zum Bildschirmspiel ‚BSS 01'". In: Funkamateur 1/1986: 38

Schubert, K.H.: „Poly-Play – Computer als Spielpartner". In: Funkamateur 3/ 1987: 136

Sommer, O.: „Computersport der GST – vielseitig und interessant". In: Funkamateur 2/1987: 57

Wiesner, Reinhard: „Bildschirmspielgerät BSS 01". In: rfe 29, 1980: 511-512 (Kopie aus dem rfe-Archiv mit handschriftlichen Anmerkungen)

Andere Quellen

Baer, Ralph: „Betreff: Re: Odyssey-clones in the GDR". E-Mail vom 15.04.2004

Interview mit Andre Weißflog vom 07.02.2005

Lange, Andreas: Texte der Tafeln zur Ausstellung „Happy Computer" in der Dortmunder Westfalenhalle, 2003

8. Anhang

Interview mit Andre Weißflog, 7.2. 05 (Radon Labs, Berlin)

JS: Wie kamst du überhaupt ans Spiele programmieren? Was war der Einstieg für dich?

Weißflog: Das war mit 12, 13 ungefähr, das war 1985/86. Mein Bruder hatte aus dem Betrieb einen kleinen Rechner mitgebracht. Da gab es damals den LC 80. Das waren solche Einplatinenrechner, da lag die Platine offen, und der hatte so eine Taschenrechnertastatur ... und der hatte den halt ab und zu mit nach Hause gebracht Und damit bin ich überhaupt erst an die Rechner rangekommen. Das war so der Einstieg. Also gar nicht so mit einem PC oder so – sogar mit den damaligen Heimcomputern kann man das gar nicht vergleichen, weil ... man hatte halt keinen Monitor dran oder so, sondern so eine sechsstellige LCD-Anzeige, wie gesagt, eine Taschenrechnertastatur mit Hexadezimallayout. Und da konnte man halt so Miniprogramme in Maschinensprache mit erstellen. Und das war erstmal ... interessantes Spielzeug sozusagen. Da konnte man ja eigentlich keine Spiele oder so mit machen, das war wirklich nur zum Programmieren lernen gedacht. Mit dem habe ich dann so ein halbes Jahr rumgespielt und hatte dann ... da hat es da halt irgendwann so diesen berühmten Schlag getan, wo man dann von einem auf den anderen Tag plötzlich programmieren konnte. Das war bei mir auch so, dass ich wirklich damit angefangen habe, irgendwelche Beispiele aus dem Handbuch abzutippen, ohne dass ich da wusste, was ich da gemacht habe. Und dann irgendwann hat es dann „Klick gemacht" und dann irgendwann drei Tage später hatte ich dann das Programmieren begriffen.

Ja, und dann kam noch dazu ... gleichzeitig hat dann damals in der DDR in den Schulen das auch angefangen, dass es da dann Computerclubs gab. Da hatten wir z.B. in Schwarzenberg, wo ich herkomme, die haben da einen Computerclub gehabt, der war im Schloss von Schwarzenberg, ganz oben im Turm, und da habe ich mich dann angemeldet, und da kenne ich zum Beispiel auch Bernd her [ebenfalls Mitarbeiter von Radon Labs]. Also aus der Zeit in dem Computerclub. Da haben sich dann auch so 20, 30 Mann eingefunden, die damals in diesem Kreis Schwarzenberg überhaupt Interesse dran hatten am Programmieren. Und das war einmal in der Woche, da ist auch richtig mit Theorie ... also bevor wir da überhaupt erstmal an den Rechner rankonnten, haben wir erstmal 10 Monate Theorie gebüffelt und BASIC programmieren und alles so'n Zeugs. Und dort ging das dann halt auch los, dass so die ersten Spiele programmiert worden sind, so dann halt als Freizeitprojekte. Das waren halt dann schon Z1013, das war ein Bausatz, den es damals gab, den konnte man schon an den Fernseher anschließen, das war so ... die übliche Kombination war so ein Junos-Fernseher, das waren kleine, russische Schwarz-Weiß-Fernseher, so ein Z1013 und da gab es dann so eine ganz fiese Tastatur dazu, die eigentlich so eine Folientastatur ist, und die haben dann aber dort irgendwelche Fernschreibetastaturen angebaut. Also ganz wilde Konstruktionen! Und der Z1013 hatte auch keine richtige Grafik, sondern der hatte so eine Blockgrafik – so 32 mal 32, schwarz-weiß und da konnte man aber schon so ein bisschen Pseudo-Grafik machen. Das war dann so diese andere Richtung, wo es dann schon ein bisschen mehr Spaß gemacht hat, überhaupt am Computer zu arbeiten.

Und der wichtige Punkt, wo wir uns eigentlich damals die ganzen Anregungen hergeholt haben, das war eigentlich so der Rummel, also diese Volksfeste und so, wo dann das Riesenrad da war etc. etc. Aber das eigentlich wirklich interessante Ding auf diesem Rummel waren immer die Automaten, weil die hatten dann ... oft Spielautomaten aus dem Westen. Also nicht diese mechanischen Dinger, da gab es teilweise auch Flipper und so, aber die richtig coolen Sachen waren natürlich die Arcade-Automaten, also *Pac-Man* und ... was weiß ich, *Breakout* etc. Und dort hingen wir eigentlich jeden Nachmittag dann rum im Sommer, wenn das war, und haben dort ein Geldstück nach dem anderen reingeworfen und dann haben wir uns da die Anregungen geholt, also wir haben dann auch teilweise Sachen eins zu eins nachprogrammiert auf irgendwelchen DDR-Heimcomputern. Und das war dann eigentlich so der Punkt, wo es dann auch richtig ernst geworden ist, sagen wir mal so. Also bei mir war es so, dass dann, da war ich vielleicht 14, 15, so achte, neunte Klasse, da hatte ich mir inzwischen über meine Eltern einen KC 85/3 besorgt ... weil das war damals so, dass es die zwar gab, aber ... die waren auch ursprünglich mal vorgesehen als Konsumprodukt ...

JS: Wurden denn aber viel in der Produktion eingesetzt ...

Weißflog: Genau, und weil die aber dann zu wenig davon produziert haben, sind die entweder an die Schulen gegangen oder in Betriebe. Oder man hat die Möglichkeit, das war bei mir so, wenn die Eltern einen Handwerksbetrieb hatten, also selbständig sind, was damals in der DDR auch nicht selbstverständlich war, dann konntest du so ein Ding auch bestellen. Da hast du ein halbes Jahr gewartet oder so ... so ein KC 85/3 hat 3.500 Ostmark gekostet, und da habe ich halt meine Eltern belabert, dass die so ein Ding besorgen. Und das hat dann auch geklappt und da konnte ich immer nachmittags ... konnte ich da immer ran, wenn ich von der Schule kam. Und da haben wir dann ... der konnte dann Farbgrafik, also der hatte 320 mal 256 Pixel mit 16 Farben oder so, aber das war dann auch eine ganz fiese Adressierung, dass man nicht jedem Pixel eine eigene Farbe geben konnte, da muss man halt mehr deichseln. Und auf dem Ding habe ich dann auch so die ersten nachgeschriebenen Computerspiele ... also da habe ich eine *Pac-Man*-Variante gemacht und *Breakout* und noch ein bisschen anderen Schnick-Schnack.

Und da ging das dann auch los mit dem Kassettentauschen in der DDR. Also, das war dann so üblich, dass halt an den Schulen ... hat man dann halt seine eigenen Kreationen da weitergegeben und hat dann von anderen wieder andere Spiele gekriegt, die irgendwo anders in der DDR entstanden sind.

JS: Das wäre auch noch eine Frage von mir. Also gab es schon so was wie eine Szene? Die Spiele waren dann vor allen Dingen *Freeware* und haben sich dann wahrscheinlich bei Treffen und über den Schulhof verbreitet?

Weißflog: Genau. Es gab auch nicht viele in der DDR, die das letzten Endes selbst programmiert haben. Also man muss das so sehen: Es gab halt zwei getrennte Szenen. Es gab eben halt die West-Heimcomputer-Szene, C64, Atari 800 etc. Die haben eigentlich kaum eigene Sachen programmiert im Osten, sondern das war halt mehr so die Cracker-Szene. Die haben raubkopierte Dinger weitergegeben etc. Und dann gab es wirklich streng davon getrennt, gab es halt diese Computerclub-Szene, die dann meistens mit DDR-Heimcomputern oder mit was russischem da rumgespielt hat. Und die war viel kreativer, weil da gab es natürlich keine Software, die schon da war. Da mussten wir das eben selber programmieren – und da war es auch eine Selbstverständlichkeit, das halt weiterzugeben. Also ... es ist erstaunlich, ohne Internet und ohne Mailboxen hat man trotzdem innerhalb von einer Woche vielleicht oder so die neuesten Sachen gekriegt. Das ging dann per Post ... – also Kassetten oder so was verschicken und so weiter und so weiter. Also man hatte trotzdem einen ganz guten Überblick und Brieffreundschaften mit anderen Leuten in der DDR.

JS: Gab es irgendwie auch so ein Zentralorgan? Beispielsweise, dass im Funkamateur Anzeigen geschaltet wurden?

Weißflog: Also so eine richtige dedizierte Zeitung gab es nicht. Aber es gab so ... na ja, wie gesagt, Funkamateur, dann gab es eine Zeitung, die hieß Radio Fernsehen Elektronik, dann gab es die Jugend und Technik, und da waren meistens zwei, drei Seiten drin über Programmierung. Das waren so die üblichen, aber na ja, die waren ...

so sehr sinnvoll waren die Sachen ... da stand ab und zu mal ein ganz lustiger Programmiertrick drin oder so, aber ...

JS: ... das war wahrscheinlich für die Spielszene nicht so relevant.

Weißflog: Da war viel für, wenn du wirklich erst angefangen hast mit Lernen. Interessanter waren wahrscheinlich dann diese Hardware-Umbauten. Da gab es dann auch wieder ... aber das hat mich nicht interessiert. Also es gab da eine Menge Bastler, die dann die Rechner übertaktet haben. Und da gab es dann auch wieder ... das war dann, ja in der Radio Fernsehen Elektronik, da waren dann auch viele Hardware-Umbauten drin. Aber das war nicht meine Welt.

JS: Was waren so die „Spielcomputer" in der DDR? War das vor allen Dingen die KC-Reihe?

Weißflog: Ja, definitiv. Weil das war die ... das waren die einzigen... also die Z1013, die hatten halt einfach den Nachteil, dass sie nur Schwarz-Weiß-Grafik hatten, nur so eine Art Blockgrafik. Dann gab es ja noch den Z9001, das war der eine Codename, der offizielle Name war wirklich KC 85/1, der aber technisch überhaupt nichts mit den KC 85/2, 3 und 4 zu tun hatte. Es gab ja die eine Reihe von Robotron, das war der 85/1, und der hatte halt auch ... der hatte zwar Farbgrafik, aber auch nur so *character*-basiert, also keine echte Pixelgrafik. Während der KC 85/2, 3 und 4, der kam aus dem Mikroelektronik-Kombinat Mühlhausen, der war schon technologisch besser als ... also das war eigentlich von der Technologie her der beste DDR-Heimcomputer. Der war modular erweiterter, da hatte man so Steckmodule, die man reinstecken konnte. Der war ... ja, der hatte 1,75 Megaherz, ich glaube der KC 85/1 hatte sogar zwei, aber das war relativ irrelevant, wichtig war, dass er eine gute Farbgrafik hatte. Also da konnte man auf dem KC 85/2 und 3 ... hatte man jeweils so einen Block von acht mal vier Pixeln, denen man einen Hintergrund und einen Vordergrund vorne geben kann. Da musste man zwar auch ein bisschen rumspielen – und der Bildschirmspeicher war unglaublich langsam. Also wenn man da was gelöscht hat, hat man richtig gesehen, wie der da runtergezählt hat, also musste man sich ein paar Tricks einfallen lassen, dass man da überhaupt eine Echtzeit-2-D-Grafik machen konnte. Weil die hatten nicht wie der C64 ... da war keine Sprite-Ablage da. Die ganze Soundausgabe war ziemlich rudimentär, da musste man ziemlich rumtricksen, dass man da was rausgekriegt hat, was einigermaßen vernünftig klang.

JS: Was mich noch interessieren würde – ich weiß nicht, ob du da so in Berührung mit gekommen bist – wie der ideologische Umgang mit Spielen war. Also hattest du das Gefühl, dass es eine gewisse staatliche, ideologische Einflussnahme gab, oder war die Führung dem gegenüber gleichgültig?

Weißflog: Hm, also wo es angefangen hat, war das vollkommen getrennt. Das war sowieso, in dem Augenblick war es sowieso eine Hobbysache. Das hätte sich vielleicht entwickelt, oder das hätte sich definitiv entwickelt, weil wir hatten zum Beispiel, als wir schon so anderthalb bis zwei Jahre lang Spiele so als Hobbyprojekte gemacht hatten, hat dann plötzlich der ... das Kombinat Mühlhausen ... Es gab damals in der DDR so eine Konsumgüterquote, da musste jeder Betrieb, musste irgendwie so und so viel Prozent als Konsumgüter ... so und dass das irgendwann mal im Laden stehen sollte. Und da hatte Mühlhausen dann angefangen, in der DDR rumzutelefonieren bei den Hobbyprogrammierern, weil die haben oft ihre Adresse reingeschrieben in die Spiele, um diese Kontaktaufnahme zu vereinfachen. Und da habe ich einen Anruf gekriegt, da war ich ... Anfang neunte Klasse wahrscheinlich, so um den Dreh, dass die Interesse dran hätten, drei oder vier Spiele von mir als offizielles Produkt rauszugeben. Und da hatten sie mir geboten – also das waren zwei Sachen. Einmal musste ich vor die existierenden Spiele einen anderen Vorspann packen, weil die hatten da so einen Standardvorspann von Mikroelektronik Mühlhausen, blah, blah ... Und gleichzeitig noch Portierungen auf den KC 85/4, der damals gerade rauskam. Und da haben sie mir geboten, für sechs Monate, die das Ganze gedauert hat, habe ich 8.000 Ostmark bekommen! Das war ziemlich viel, das war wie ein Jahresverdienst eigentlich.

JS: Zumal für jemanden in der neunten Klasse.

Weißflog: Genau, da habe ich mir auch gleich einen Farbfernseher von gekauft. Das war aber nicht also ... man kann nicht sagen ideologisch beeinflusst. Die haben nicht an dem Spiel selbst dran rumgemacht. Also ich musste keine roten Sterne einbauen oder so.

JS: War das also eher so eine wirtschaftliche Notwendigkeit im Hinblick auf die Quote?

Weißflog: Doch, das war von Mühlhausen aus so ein Mittelding. Dass die einmal schon Interesse dran hatten, weil dort saßen letzten Endes auch irgendwelche wilden Ingenieure, die sich wahrscheinlich ... also wir sind dann zum Beispiel auch hingereist mal, da haben sie so ein kleines Treffen organisiert, so mit Betriebsrundgang, und da haben die selbst gesagt, also gestaunt, was wir zum Beispiel aus den Maschinen rausholen. Auf deren Seite war das schon so das typische „Freakdenken", dass es da vielleicht so ein paar gab, die das angekurbelt haben, und auf der anderen Seite war es für die natürlich letzten Endes offiziell abgesegnet durch diese Konsumgüterquote. Da gab es dann, irgendwann mal, das war aber ganz, ganz kurz vor der Wende, kam diese Kassette dann tatsächlich noch raus mit diesen Spielen.

JS: Wurden Spiele vielleicht auch als Möglichkeit angesehen, junge Leute an den Computer heranzuführen? Und um darüber hinausgehend hochqualifiziertes Personal zu gewinnen?

Weißflog: Das kann ich mir gut vorstellen. Also auf alle Fälle diese Computerclubs, die sind richtig gefördert worden. Da gab es eigentlich in jedem Kreis ... gab es mindestens einen schulübergreifenden Computerclub. Und meistens haben die Schulen da selber noch mal, wenn sie ein oder zwei Rechner gekriegt hatten, gab es dann meistens noch eine AG Informatik. Und das ist schon, glaube ich, wohlwollend gesehen worden.

Was zum Beispiel noch ein wichtiger Punkt war ... es gab am Anfang, so irgendwann Mitte der 80er, gab es in der DDR kein echtes Informatik-Studium. Weil, ich hatte mich da natürlich mal rumgehört, weil ich wollte dann natürlich Informatik studieren. Das ist dann irgendwann eingeführt worden. Dann war es sogar so, dass, wenn man sich für ein Informatik-Studium angemeldet hat, war es dann normalerweise in der DDR so, wenn man überhaupt studieren wollte: Drei Jahre Armee. Und das haben die dann bei dem Informatik-Studium vollkommen umgedreht. Da musste man dann nämlich statt ... ich weiß jetzt nicht genau ... statt 18 Monate 12 Monate so ...? Auf alle Fälle: Wenn man Informatik studiert hat, da gab es dann immer so eine kurze Phase, wo man nur ... wo man kürzer zur Armee musste als die normale Wehrpflichtzeit. Das heißt, die waren zu dem Zeitpunkt zumindest ziemlich dran interessiert, möglichst schnell Computerfachleute zu kriegen.

JS: Also schon sehr offen gegenüber der ganzen Sache.

Weißflog: Auf alle Fälle.

JS: Ich habe auch mal gelesen, dass diese Computerclubs oft auch paradoxerweise die Möglichkeit geboten haben, sich vielleicht so ein bisschen dem ideologischen Druck zu entziehen, indem man sich zurückziehen konnte. Also einfach dadurch, dass das volkswirtschaftlich als wichtig angesehen wurde, dass denn gesagt wurde: „Lasst sie einfach programmieren."

Weißflog: Hm, schlecht zu sagen ... Es ist ja nicht so gewesen, dass man irgendwie sowieso die ganze Zeit ... außer im Staatsbürgerkundeunterricht ... war das sowieso relativ normal ... Das war halt damals als Kiddies – da bist du halt hin und hast dann dort programmiert. Aber das ist ja nicht so, dass du in irgendeiner anderen AG da jetzt groß dem Propagandadruck ausgesetzt warst.

JS: Gab es denn auch bestimmte Genres die absolut tabu waren? Gewaltspiele oder so? Wo denn vielleicht gesagt wurde: „Das geht jetzt aber absolut nicht!". Oder: „Da könnten wir Ärger mit bekommen?"

Weißflog: Hm ... na ja, also wie gesagt, das war halt noch nicht ... irgendwie, es war ... gerade dabei überhaupt, das überhaupt groß zu bekommen. Also da hat sich niemand drum gekümmert. Aber ... also, so gewisse Sachen wären schon tabu gewesen. Also das wäre aber nicht nur bloß bei Computerspielen gewesen, damals gab es zum Beispiel gerade so eine Diskussion, da hatten irgendwelche Neonazigruppen im Westen irgendwelche KZ-Spiele für den C64 rausgebracht. Also wenn ich so was natürlich auch gemacht hätte, das wäre ...

JS: Hm, ja klar.

Weißflog: Solche Dinger wären problematisch gewesen. Aber mir ist kein Fall bekannt, dass da irgendjemand so was gemacht hat. Oder irgendwelche Gewaltspiele, oder irgendwelche ... politisch angehauchten Sachen wären wahrscheinlich auch kritisch gewesen. Aber ich wüsste nicht, wer da so ein Ding fabriziert hat.

JS: Also gab es so in der Form auch nicht? Das waren dann meist Autorennspiele, *Jump'n'Runs* oder so?

Weißflog: Hm... [Zustimmen durch Nicken]

JS: Hat denn überhaupt die Tatsache, dass ihr in der Schule programmiert habt oder so AGs hattet, hatte das irgendwie Einfluss auf Spiele? Oder wurde das einfach geduldet, also dass man das so handhaben konnte, wie man wollte?

Weißflog: Puh ... kann ich nicht sagen. Also ich ... normalerweise hat niemand drauf Einfluss genommen ... Wichtig war, dass du halt irgendwas fabriziert hast. Und meistens, also es gab halt zwei Varianten: Entweder hast du dir selber was ausgedacht – letzten Endes lief es auch immer wieder darauf hinaus, dass immer wieder dieselben Standardspiele ... Also da gab es so dieses komische Schlangending, wo immer, wenn die was gefressen hat, dann ist hinten ein Segment dran gewachsen. Da gab es mindestens 20, 30 Varianten. Dann gab es halt die üblichen ... Dann gab es ein paar Textadventures. Aber das waren meistens, also ich würde sagen so 80 Prozent waren irgendwas Nachgemachtes von irgendeinem Spiel, was es ... was es auf irgendwelchen Westheimcomputern gab.

JS: Hattest du Kontakt mit dieser Computersportszene?

Weißflog: Gab's so was?

JS: Eh ja, also soweit ich gelesen habe, wurde vom Staat so was eingeführt. So genannter Computersport, das waren dann so Programmierwettbewerbe ...

Weißflog: Ne ...

JS: Ok, da soll es wohl auch eine Extrarubrik im Funkamateur gegeben haben.

Weißflog: Kann sein, kann sein, ja. Also das ... ich kann mir gut vorstellen, dass es so was wie eine ... also damals gab es ja auch die Matheolympiade und so ein Zeugs, dass so was organisiert worden ist. Aber das lief dann meistens über die Schulen und ... soweit ich mich erinnern kann, hatten wir da groß nichts. Das Einzige, was wir immer gemacht haben, es gab dann ja immer an den Schulen die so genannte „Messe der Meister von Morgen", was dann so eine ... Ja, da hatte halt jede Klasse oder jede Schule hatte irgendwas gebastelt, irgendwelche wilden Konstruktionen, und dann ist da einmal im Jahr für einen Tag in der Schule, ist dann so eine Ausstellung organisiert worden, und dann ist da irgendwann ein Gewinner gewählt worden. Da waren wir natürlich fein raus, weil wir hatten unseren Computer eben aufgebaut und dann ein bisschen dort programmiert. Aber so richtige Programmierolympiaden ... kann sein, dass es so was gegeben hat, aber ... also ich war da bei keiner dabei.

JS: Hattest du noch Kontakt mit anderen Spieleerzeugnissen aus der DDR? Wie beispielsweise das Poly-Play oder das Bildschirmspiel 01?

Weißflog: Das Poly-Play kenne ich. Die Dinger standen halt in irgendwelchen Hotellobbys oder so. Oder vielleicht mal in einem Restaurant war einer. Und ... meine intensivste „Berührung" damit hatte ich auf Usedom. Da waren wir im Urlaub, relativ regelmäßig. Und da gab es ein Hotel, Roter Oktober, glaube ich, und da war die gesamte ... da gab es so eine Art, na ja, es war nicht so dann die Lobby, aber wenn man zur Lobby reingekommen ist, so ein bisschen in so einem abgetrennten Raum. Und da standen drei Reihen von solchen Poly-Play, das heißt es waren bestimmt 20 Stück oder so. Und dort habe ich dann auch, ich glaube, da musste man 50 Pfennig oder so reinhauen, da habe ich dann auch Geld gelassen – obwohl die Spiele eigentlich totaler Mist waren, die da drauf waren.

JS: Das waren ja teilweise auch so Westkopien. *Hase und Wolf*, das war ja *Pac- Man* ...

Weißflog: Ja, dann gab es noch ein ganz fürchterliches Hirschjagd-Spiel und so ein komisches Skifahrerspiel und ein Autorennen. Aber da war eher ... also die Spiele sahen sogar noch schlechter aus als das, was wir damals auf den Heimcomputern gemacht haben.

JS: Ja, Ich habe das mal mit dem MAME-Emulator gespielt.

Weißflog: Ich glaube, es sind weltweit mittlerweile nur noch, nur noch zwei die funktionieren von diesen Dingern.

JS: Ja, ich weiß, der Andreas Lange hat doch noch einen.

Weißflog: Ja, der von Andreas Lange. Aber soviel ich weiß, ist der, den er hatte ... von dem stammen ja, glaub ich, diese MAME-Roms ab ... und beim Brennen ist da irgendwas schief gegangen oder so und dann geht der jetzt nicht mehr oder so. Also das ist die Story, die ich gehört hab'.

JS: Ich treffe ihn die Woche noch, da werde ich ihn mal fragen. Der hat ja damals auch 35.000 Ostmark oder so gekostet.

Weißflog: Das weiß ich nicht.

JS: Von dem BSS01, von dem *Pong*-Clone, hast du nichts mitbekommen?

Weißflog: Habe ich nie gesehen. Ja, ich hab's vielleicht mal als Foto gesehen, aber in ... es war... Erstens konnte man... – wann kam das raus? So Anfang der 80er, oder?

JS: 1980.

Weißflog: Hm. Ich weiß nicht, wie lange die das Ding produziert haben, aber ich habe so ein Ding, glaube ich, noch nie im Laden gesehen. Was aber nicht verwunderlich ist. Also so Heimelektronik, da gab es zwar – irgendwann gab es dann mal einen Boost, da gab es plötzlich HiFi-Anlagen und so, aber alles, was nicht irgendwie gerade den Fokus hatte, was da produziert wurde, das hat man nie irgendwo im Laden gesehen. Also so ein Ding habe ich nie in echt gesehen, nie in Aktion gesehen.

Ich hatte dann bloß später, als dann ... ich habe versucht, da noch die ganzen Computer zu finden, zur Wende oder nach der Wende, also das einzige, was mir noch fehlt ist ein Z9001, aber ansonsten habe ich ... den 2er, 3er, 4er, habe ich komplett. Und ich habe sogar noch einen EC 1834, den hatten die damals ganz, ganz kurz vor der Wende rausgebracht.

JS: Das war's eigentlich im Großen und Ganzen. Oder hast du noch irgendwas, wo du sagen würdest: „Das muss unbedingt noch da rein!" ?

Weißflog: Ne. Wenn du irgendwelche Fragen noch hast, kannst du mir ja mailen.

ibidem-Verlag

Melchiorstr. 15

D-70439 Stuttgart

info@ibidem-verlag.de

www.ibidem-verlag.de
www.ibidem.eu
www.edition-noema.de
www.autorenbetreuung.de

Druck:
Customized Business Services GmbH
im Auftrag der
KNV Zeitfracht GmbH
Ein Unternehmen der Zeitfracht - Gruppe
Ferdinand-Jühlke-Str. 7
99095 Erfurt